Otto Gerhard Oexle
Die Gegenwart des Mittelalters

DAS MITTELALTERLICHE JAHRTAUSEND
Band 1

Im Auftrag der
Berlin-Brandenburgischen Akademie der Wissenschaften

herausgegeben von
MICHAEL BORGOLTE

berlin-brandenburgische
AKADEMIE DER WISSENSCHAFTEN

Otto Gerhard Oexle

Die Gegenwart des Mittelalters

Akademie Verlag

Bibliografische Information der Deutschen Nationalbibliothek

Die Deutsche Nationalbibliothek verzeichnet diese Publikation in der Deutschen Nationalbibliografie; detaillierte bibliografische Daten sind im Internet über http://dnb.d-nb.de abrufbar.

Umschlagentwurf: Ingo Scheffler, Berlin
Satz: Werksatz Schmidt & Schulz, Gräfenhainichen
Druck: Concept Medienhaus, Berlin

Dieses Papier ist alterungsbeständig nach DIN/ISO 9706.

ISBN 978-3-05-006369-0

Vorwort

Vergegenwärtigung des Mittelalters – oder besser: Sensibilisierung für die fortdauernde Aktualität mittelalterlicher Geschichte und Kultur in unserer Gesellschaft – ist ein Anliegen des Mittelalterzentrums in der Berlin-Brandenburgischen Akademie der Wissenschaften. Um mit diesem Ziel sein Auditorium zu finden, lädt das Zentrum jährlich zu einer öffentlichen Abendveranstaltung in größerem Rahmen ein, bei der prominente Gelehrte der mediävistischen Fächer zu Worte kommen. Begonnen hat die Reihe am 21. Februar 2012 mit Prof. Otto Gerhard Oexle als Redner, der in glücklichem Zugriff über „Die Gegenwart des Mittelalters" sprach.

Wir sind sehr glücklich, O. G. Oexles Vortrag in diesem Band zum Druck bringen zu dürfen. Auch künftig soll das mit den Jahresvorträgen so geschehen. Das Mittelalterzentrum möchte auf diese Weise einerseits den Beitrag unterstreichen, den mediävistische Forschungen zur Arbeit und Außendarstellung der Akademie leisten und noch mehr als schon bisher leisten können, zum anderen aber auch eine Standortbestimmung der mit dem Mittelalter befassten Disziplinen fördern, die sich immer stärker vernetzen müssen.

Der Akademie Verlag war rasch bereit, die neue Reihe „Das mittelalterliche Jahrtausend" aufzulegen, in der die Jahresvorträge herauskommen sollen. Dem Verlagsleiter, Prof. Dr. Heiko Hartmann, gilt dafür unser besonderer Dank; unser bewährter Lektor Manfred Karras hat auch hier wieder dafür gesorgt, dass der erste Band zügig erscheinen konnte. Vor allem gilt unser Dank aber Otto Gerhard Oexle, dass er uns sein bedeutendes Manuskript zur Publikation überlassen hat.

Berlin, zur Jahreswende 2012/2013   Michael Borgolte
                                                Sprecher des Mittelalterzentrums

Was wir als das ‚Mittelalter' bezeichnen, ist nicht nur das Andere unserer eigenen Gegenwart, nämlich der okzidentalen Moderne, es ist das nächste Andere, das nächste Fremde, das nächste Ferne unserer eigenen Gegenwart.

Vor dem Hintergrund dieser Feststellung sollen im folgenden drei Formen der Gegenwart des Mittelalters in unserer Gegenwart erörtert werden.

(1) Erstens geht es um jene unmittelbare Gegenwart des Mittelalters, die durch Überreste und Denkmäler hergestellt wird.

(2) Sodann ist hier – zweitens – von jenem Mittelalter zu sprechen, das mit dem von den Humanisten des 14. und 15. Jahrhunderts erfundenen Begriff des ‚Mittelalters' verknüpft ist, ein Begriff, der – obwohl längst triftige Einwände gegen ihn erhoben worden sind – sich nach wie vor behauptet und sogar die Praxis der Geschichtswissenschaft bis auf den heutigen Tag tiefgehend bestimmt – und ohne Zweifel auch künftig bestimmen wird.

(3) Und schließlich geht es – drittens – um jene ganz anders geartete ‚Gegenwart des Mittelalters', die seit der Aufklärung des 18. Jahrhunderts und bis heute sich ebenso behauptet und die ein wesentliches und gleichwohl nicht ausreichend bedachtes Moment der ‚Gegenwart des Mittelalters' darstellt. Hier geht es um das ‚gedachte' Mittelalter der Moderne.

1

I.

Zunächst ist also von jener Gegenwart des Mittelalters zu sprechen, die dinglich evident ist, weil wir es ständig mit „Überresten" und „Denkmälern" (im Sinne von Johann Gustav Droysen und seiner in der Mitte des 19. Jahrhunderts konzipierten ‚Historik') zu tun haben.

Zur Erinnerung: für Droysen ist Ausgangspunkt des Forschens nicht das Material, sondern vielmehr die „historische Frage".[1] Diese Frage aber wird beantwortet im Blick auf die „Materialien für unser historisches Arbeiten". Historisches Material ist teils das, „was aus jenen Gegenwarten, deren Verständnis wir suchen, noch unmittelbar vorhanden ist", sind die „Überreste", also zum Beispiel Handschriften, gotische Kathedralen, historische Stadtkerne, Sprachen, Literaturen, Musik. Historisches Material ist sodann das, „was (aus jenen Gegenwarten) in die Vorstellung der Menschen übergegangen und zum Zweck der Erinnerung überliefert ist"; Droysen bezeichnete diese Materialien als „Quellen", wie zum Beispiel die Geschichtsschreibung und alle Geschichtswissenschaft. Und schließlich gehören zum historischen Material „Dinge, in denen sich beide Formen verbinden"; Droysen nennt sie „Denkmäler", zum Beispiel Inschriften und Urkunden. Überreste und Denkmäler sind der umfangreichste Teil des historischen Materials, dessen Fülle „unabsehbar" ist. Und diese Fülle nimmt außerdem ständig zu, weil wir unaufhörlich (zum Beispiel durch Ausgrabungen) neues Material bekommen oder weil uns durch neue Fragen, die wir stellen, neue Überreste vergangener Gegenwarten als solche wahrnehmbar werden.

Dies alles erinnert nachdrücklich daran, dass die Geschichtswissenschaft – und auch darin liegt ihr Rang begründet – eine empirische Wissenschaft

---

[1] *Johann Gustav Droysen*, Historik (1857), in: Ders., Historik. Rekonstruktion der ersten vollständigen Fassung der Vorlesungen (1857). Grundriß der Historik in der ersten handschriftlichen (1857/58) und in der letzten gedruckten Fassung (1882). Textausgabe von Peter Leyh. Stuttgart / Bad Cannstatt 1977, 66. Die folgenden Zitate hier 67 und 426 (‚Grundriß der Historik', 1882). Das Ergebnis der historischen Erkenntnis ist eine ‚Repräsentation', ein ‚Zeichen', das „Gedankenbild einer Vergangenheit" (ebd., 9). ‚Geschichte' ist demnach nicht „das Geschehene (…), denn soweit es äußerlicher Natur war, ist es vergangen, und soweit es nicht vergangen ist, gehört es nicht der Geschichte, sondern der Gegenwart an" (ebd., 8).

ist, dass also das, was wir ‚Geschichte' nennen, ein „Ergebnis empirischen Erfahrens und Erforschens" ist.[2] Zudem aber sind Überreste und Denkmäler jenes Moment im Prozess der Erkenntnis von ‚Geschichte', durch das die Freude, ja die Lust an dieser Erkenntnis ständig und unmittelbar hervorgerufen wird. Das gilt nicht nur, so ist zu hoffen, für jeden professionellen Historiker. Es gilt für jeden Mittelalter-Forscher, in welchem Fach er auch arbeitet. Und es gilt offenbar auch für das interessierte Publikum.

Die Faszination, die von historischem Material in der Moderne ausgeht, ist unbestreitbar. Es genügt, ein Zeitungsfeuilleton unserer Tage zu lesen.[3] Da wurde jüngst aus Niedersachsen vom Fund römischer Waffen aus dem 3. Jahrhundert berichtet, die eine „archäologische Sensation" bedeuteten, weil sich daraus eine ganz neue Auffassung der Beziehungen zwischen Rom und den Germanen in jener Zeit ergebe. Die unmittelbare Faszination dieser Funde aus längst vergangener Zeit resultiert aber, ganz unabhängig von geschichtswissenschaftlichen Konsequenzen und Erkenntnissen, die man daraus gewinnen kann, allein schon aus der Betrachtung der Objekte selbst. Auf derselben Seite des genannten Feuilletons wurden Überreste der Zeitgeschichte erörtert. Da war die Rede von dem berüchtigten Haus 1 in der Berliner Normannenstraße, also von Erich Mielkes Residenz für drei Jahrzehnte auf 600 qm, einem „authentischen Ort der untergegangenen Macht, wie Berlin nur wenige behalten" habe, in all seiner „piefig-brutalen Atmosphäre von einst", die gleichwohl „ein ganzes Land in Angst" zu versetzen vermochte.

Und in welchem Maß diese unmittelbare Faszination von Überresten und Denkmälern gerade für das Mittelalter gilt, zeigt die schier unabsehbare Reihe von Mittelalter-Ausstellungen, spätestens seit der längst legendär gewordenen Staufer-Ausstellung in Stuttgart 1977. Im Jahr 2011 gab es sogar zwei mittelalterliche Landesausstellungen, in Görlitz die von Sachsen und in Naumburg die von Sachsen-Anhalt. In Naumburg konnte man angesichts der berühmten Stifterfiguren des Naumburger Doms (die übrigens erst im

---

[2] *Droysen*, Grundriß der Historik (1857) (wie Anm. 1), 397.

[3] Frankfurter Allgemeine Zeitung vom 13. Januar 2012, mit den Beiträgen „Die Axt vom Harzhorn" von *Thomas Brock* und „In Erich Mielkes verbotener Stadt" von *Regina Mönch*.

20. Jahrhundert wirkliche Beachtung fanden und zugleich mit Bedeutungen überladen wurden[4]) die Gegenwart des Mittelalters aufgrund einer eindrucksvollen Licht-Regie besonders unmittelbar erleben. Die Faszination der Unmittelbarkeit von Überresten ist sogar so groß, dass man sie immer wieder herzustellen versucht, auch da, wo sie nicht gegeben ist. Das neueste Projekt dieser Art sieht vor, den berühmten Klosterplan von St. Gallen aus der Karolingerzeit, aus dem frühen 9. Jahrhundert, in dem südbadischen Städtchen Messkirch endlich Wirklichkeit werden zu lassen. Der Klosterplan von St. Gallen, der hier gebaut werden soll, ist der älteste erhaltene mittelalterliche Bauplan Europas. Der Start des Unternehmens ist für 2012 vorgesehen, die Fertigstellung für das Jahr 2055.[5] Hinter solchen Aktionen steckt erheblich mehr als nur Profitdenken. Man erinnere sich an die lange Geschichte solcher Bauten seit dem 19. Jahrhundert, zu denen die Burg Lichtenstein in der Schwäbischen Alb gehört (errichtet nach dem Roman von Wilhelm Hauff von 1826) oder der Mittelaltertraum König Ludwigs II. von Bayern in Neuschwanstein.

Vor allem aber ist in diesem Kontext an den großen Streit des 19. Jahrhunderts und des beginnenden 20. Jahrhunderts zu erinnern, der über ‚Restaurieren‘ und ‚Konservieren‘ ausgetragen wurde, zuerst in Frankreich und in England, dann um 1900 auch in Deutschland. Dabei ging es wesentlich um das Mittelalter, nämlich um die Bauten aus dem Mittelalter. Den Anhängern des ‚Restaurierens‘ (und zu ihnen gehörte der berühmte französische Architekt Viollet-le-Duc) ging es um die Rekonstruktion dessen, was sie für das ‚Echte‘ hielten, die Wiederherstellung einer ‚Stilreinheit‘, was immer sie sich darunter vorstellten, wobei das Vorhandene durch Zutaten bedenkenlos ergänzt und das, was von der realen, erhaltenen Bausubstanz den Vorstellungen eines ‚reinen Stils‘ widersprach, auch ebenso bedenkenlos beseitigt wurde. Im Gegensatz dazu ging es beim ‚Konservieren‘ um die Wahrung der Authentizität, um die Respektierung und Sicherung des tatsächlich Erhaltenen. Den Vertretern des ‚Konservierens‘ erschien die Re-

---

[4] *Wolfgang Ullrich*, Uta von Naumburg. Eine deutsche Ikone. Berlin ²2009.

[5] *Timo John*, Makelloses Mittelalter. In Messkirch wird der berühmte Klosterplan von Sankt Gallen Wirklichkeit, in: Frankfurter Allgemeine Zeitung vom 2. Januar 2012.

staurationslust als eine „Raserei", als ein „Fieber", das sich „ebensowohl am Leben der Gegenwart wie an den Schöpfungen der Vergangenheit" vergreife.[6]

Zwar waren die Vertreter des „Restaurierens" von Fortschritts- und Erkenntnis-Optimismus getragen. Aber die Vertreter des „Konservierens" waren keine Nostalgiker. Es war vielmehr die intellektuelle Avantgarde, die sich gegen das Restaurieren und für die Konservierung, also die Erhaltung und Pflege des Alten engagierten. Sie traten zuerst in England in Erscheinung: sie kamen aus dem Kreis der sogenannten Prä-Raffaeliten, es waren Schriftsteller, Maler, Kunsthistoriker, Kunst-Theoretiker und Sozialreformer, wie John Ruskin und William Morris, die schon um die Mitte des 19. Jahrhunderts am Beispiel von Überresten und Denkmälern aus dem Mittelalter die Grundzüge einer Ethik der Denkmalpflege formulierten.[7] Sie sprachen geradezu vom Recht der Toten, nämlich vom Recht der Toten an den von ihnen geschaffenen Denkmälern (John Ruskin). Und diese Stichworte vom „Recht der Lebenden" und vom „Recht der Toten" kehrten dann ein halbes Jahrhundert später in den deutschen Debatten wieder.[8] Hier wurde erstmals am Beispiel des Mittelalters ein Grundproblem der Moderne formuliert, weil jenes Mittelalter, wie wir noch sehen werden, die zentrale Bezugsepoche der Moderne geworden war. Und über diese Frage vom Recht der Lebenden und vom Recht der Toten wird in den einschlägigen Kontroversen unserer Tage immer noch gestritten.

---

[6] *Norbert Huse* (Hrsg.), Denkmalpflege. Deutsche Texte aus drei Jahrhunderten. München 1984, 84 ff.; die Zitate (W. Lübke, 1861) hier 101 und 105; *Leo Schmidt*, Einführung in die Denkmalpflege. Stuttgart 2008, 43 ff.

[7] *Otto Gerhard Oexle*, Das Mittelalter als Repräsentation der Moderne: Die Präraffaeliten, in: Andrea von Hülsen-Esch / Dagmar Täube (Hrsg.), „Luft unter die Flügel …". Beiträge zur mittelalterlichen Kunst. Festschrift für Hiltrud Westermann-Angerhausen. (Studien zur Kunstgeschichte 181.) Hildesheim / Zürich / New York 2010, 247–254; *Ders.*, Das Mittelalter in unserer Gegenwart, in: Thomas Schilp / Barbara Welzel (Hrsg.), Sankt Johannes in Brechten als Erinnerungsort des Ruhrgebiets. (Dortmunder Mittelalter-Forschungen, 14.) Bielefeld 2011, 23–44, 24 f. Über Ruskin: *Wolfgang Kemp*, John Ruskin. Leben und Werk. München / Wien 1983. Über Morris: *Linda Parry* (Hrsg.), William Morris (Ausstellungskatalog). London 1996.

[8] *Huse*, Denkmalpflege (wie Anm. 6), 94.

5

Dass die Arbeit mit Überresten und Denkmälern für jeden Mediävisten eine unmittelbare persönliche Bedeutung hat, ist evident. Für mich war es die Arbeit mit Memorialüberlieferung, die eine praktische und zugleich grundsätzliche Einführung in die Arbeit mit Handschriften, also eine Einführung in Paläographie und Codicologie, bedeutete – und zugleich die Lust an historischer Erkenntnis stimulierte.[9]

Darüber hinaus ist aber daran zu erinnern, welche Bedeutung die Arbeit der Mediävisten für ihre Erkenntnis des Mittelalters zugleich für das ganze Fach ,Geschichte' und für die Kritik historischen Materials ganz generell hatte und hat. Ich nenne hier nur die Urkundenforschung und ihre Relevanz für das Fach ,Geschichte' im Ganzen, mitsamt den damit verbundenen Großprojekten (Regesta Imperii) und Institutionen (Monumenta Germaniae Historica) in Deutschland.[10]

II.

Im zweiten Abschnitt dieser Überlegungen geht es um den Begriff des Mittelalters als des „Jahrtausends von 500 bis 1500".[11]

Zwei Erkenntnisse gehören zum Grundbestand historischen Denkens der Moderne. Zum einen, dass der Begriff des ,Medium Aevum' oder der ,Media Aetas' eine Erfindung der Humanisten des Spätmittelalters ist. Und zum zweiten, dass es sich dabei nicht um die Abbildung eines historischen

---

[9] *Otto Gerhard Oexle*, Edition der Totenannalen des Klosters Fulda, in: Karl Schmid (Hrsg.), Die Klostergemeinschaft von Fulda im früheren Mittelalter. (Münstersche Mittelalter-Schriften, Bd. 8.1.) München 1978, 279–364; *Ders.*, Forschungen zu monastischen und geistlichen Gemeinschaften im westfränkischen Bereich. (Münstersche Mittelalter-Schriften, Bd. 31.) München 1978.

[10] *Rudolf Schieffer*, Weltgeltung und nationale Verführung. Die deutschsprachige Mediävistik vom ausgehenden 19. Jahrhundert bis 1918, in: Peter Moraw / Rudolf Schieffer (Hrsg.), Die deutschsprachige Mediävistik im 20. Jahrhundert. (Vorträge und Forschungen, Bd. 62.) Ostfildern 2005, 39–61, hier 40 ff.

[11] Dazu *Jürgen Voss*, Das Mittelalter im historischen Denken Frankreichs. (Veröffentlichungen des Historischen Instituts der Universität Mannheim, Bd. 3.) München 1972.

,Dings', sondern um eine Geschichtsdeutung handelt. Oder wenn man das epistemologisch korrekt ausdrücken will: es handelt sich um eine „Sinnformation", um eine „Sinnzuweisung", um eine „Bedeutungszuweisung", die ihrerseits kulturell und historisch bedingt ist. Mit solchen Denkstrukturen wird die geschichtliche Zeit „zu mentalen Bildern gedachter Geschichte" geordnet und als solche vermittelt.[12]

---

[12] So die beiden Kunsthistoriker *Bernd Carqué* und *Stefan Schweizer*, Epochenimaginationen – Bilder gedeuteter Geschichte, in: Jahrbuch der Max-Planck-Gesellschaft 2002, 747–752. Dazu die Publikationen von *Bernd Carqué*, Stil und Erinnerung. Französische Hofkunst im Jahrhundert Karls V. und im Zeitalter ihrer Deutung. (Veröffentlichungen des Max-Planck-Instituts für Geschichte, Bd. 192.) Göttingen 2004, und von *Stefan Schweizer*, Geschichtsdeutung und Geschichtsbilder. Visuelle Erinnerungs- und Geschichtskultur in Kassel 1866–1914. (Göttinger Gespräche zur Geschichtswissenschaft, Bd. 22.) Göttingen 2004. Außerdem folgende Veröffentlichungen mit Beiträgen von Historikern und Kunsthistorikern: *Otto Gerhard Oexle / Áron Petneki / Leszek Zygner* (Hrsg.), Bilder gedeuteter Geschichte. Das Mittelalter in der Kunst und Architektur der Moderne. (Göttinger Gespräche zur Geschichtswissenschaft, Bd. 23.) Göttingen 2004; *Bernd Carqué / Daniela Mondini / Matthias Noell* (Hrsg.), Visualisierung und Imagination. Materielle Relikte des Mittelalters in bildlichen Darstellungen der Neuzeit und Moderne. 2 Bde. (Göttinger Gespräche zur Geschichtswissenschaft, Bd. 25.) Göttingen 2006; *Stefan Schweizer / Jörg Stabenow* (Hrsg.), Bauen als Kunst und historische Praxis. Architektur und Stadtraum im Gespräch zwischen Kunstgeschichte und Geschichtswissenschaft. (Göttinger Gespräche zur Geschichtswissenschaft, Bd. 26.) Göttingen 2006. Vgl. *Andrea von Hülsen-Esch*, Mittelalterphantasien zwischen Himmel und Hölle. Über die Bühnenbilder der Grand Opéra. (Düsseldorfer Kunsthistorische Schriften, Bd. 6.) Düsseldorf 2006. Zum Thema auch, unter dem Gesichtspunkt ,Erinnerungsorte', die Beiträge in: *Johannes Fried / Olaf B. Rader* (Hrsg.), Die Welt des Mittelalters. Erinnerungsorte eines Jahrtausends. München 2011; unter dem Gesichtspunkt ,Meistererzählungen': *Frank Rexroth* (Hrsg.), Meistererzählungen vom Mittelalter. Epochenimaginationen und Verlaufsmuster in der Praxis mediävistischer Disziplinen. (Historische Zeitschrift. Beiheft, 46.) München 2007; unter dem Gesichtspunkt ,Mythen': *Herfried Münkler*, Die Deutschen und ihre Mythen. Berlin 2009; mit dem Ansatz ,Mittelalterrezeption' die unten Anm. 47 genannten Titel. Zu erinnern bleibt: *František Graus*, Lebendige Vergangenheit. Überlieferung im Mittelalter und in den Vorstellungen vom Mittelalter. Köln / Wien 1975.

Es ist nicht erstaunlich, dass in der Moderne zahlreiche Historiker den Begriff des Mittelalters als des „Jahrtausends von 500 bis 1500" in Frage stellten und mit anderen Epochen-Vorschlägen hervortraten, so z. B. der Neuhistoriker Dietrich Gerhard mit seinem Begriff „Alteuropa" (11.–18. Jahrhundert)[13] oder der Mediävist Jacques Le Goff, mit seinem Begriff des „langen Mittelalters", das vom 2. oder 3. Jahrhundert bis zum 19. Jahrhundert reicht.[14] Und schon seit geraumer Zeit wird der „Beginn" des „Mittelalters" nicht mit einem Ereignis bezeichnet (die „Konstantinische Wende"; der Vorstoß der Hunnen; die „Völkerwanderung"; das „Ende des weströmischen Kaisertums" 476 o. ä.), sondern wird das „Mittelalter" als das Ergebnis langer Prozesse von Veränderungen und Transformationen in Politik, Gesellschaft, Religion gesehen.[15] Wenn der Religionswissenschaftler Guy Stroumsa die religiösen „Mutationen der Spätantike" darstellt – die Verinnerlichung der Religion und die Sorge um das Heil der eigenen Seele; das Ende der Opferkulte und die Verbreitung der Buchreligionen; die Entstehung einer „kommunitären Religion", das heißt der Weg von einer politischen zu einer religiösen Gemeinschaft („Kirche") – dann bezeichnet er grundsätzliche Schritte von der Antike zum Mittelalter.[16] Ähnliches lässt sich im Blick auf

---

[13] *Dietrich Gerhard*, Old Europe. A Study of Continuity, 1000–1800. New York / London 1981.

[14] *Jacques Le Goff*, Un long Moyen Âge. Paris 2004.

[15] *Peter Brown*, Antiquité tardive, in: Paul Veyne (Hrsg.), Histoire de la vie privée, Bd. 1. Paris 1985, 225–300; *Ders.*, Die Keuschheit der Engel. Sexuelle Entsagung, Askese und Körperlichkeit am Anfang des Christentums. München / Wien 1991; *Manfred Fuhrmann*, Rom in der Spätantike. München 1994; *Ernst Pitz*, Die griechisch-römische Ökumene und die drei Kulturen des Mittelalters. Geschichte des mediterranen Weltteils zwischen Atlantik und Indischem Ozean 270–812. (Europa im Mittelalter, Bd. 3.) Berlin 2001; *Hervé Inglebert*, Antiquité tardive, in: Christian Delacroix (Hrsg.), Historiographies 2: Concepts et débats. Paris 2010, 967–972; zum Stand der deutschsprachigen Forschungen: *Theo Kölzer / Rudolf Schieffer* (Hrsg.), Von der Spätantike zum frühen Mittelalter: Kontinuitäten und Brüche, Konzeptionen und Befunde. (Vorträge und Forschungen, Bd. 70.) Ostfildern 2009; *Walter Pohl*, Ursprungserzählungen und Gegenbilder. Das archaische Frühmittelalter, in: Rexroth (Hrsg.), Meistererzählungen (wie Anm. 12), 23–41.

[16] *Guy G. Stroumsa*, Das Ende des Opferkults. Die religiösen Mutationen der Spätantike. Berlin 2011.

die sozialgeschichtlich höchst relevante Geschichte der Toten feststellen: die Toten werden (ein im Vergleich mit den Gesellschaften der Antike unerhörter Tabubruch) in die Siedlungen der Lebenden aufgenommen, was im 4. Jahrhundert beginnt, und sie werden im 18. Jahrhundert wieder ausgesiedelt; das sind Indikatoren für den Beginn des Mittelalters und für den Beginn der Moderne.[17]

Erstaunlich ist nicht, dass solche Kritik an der Denkform des traditionellen „Jahrtausends" geäußert wurden. Erstaunlich ist vielmehr, dass sie offenbar an dieser Wahrnehmung des Mittelalters in seiner alten, von den Humanisten geprägten Form des „mittelalterlichen Jahrtausends" nichts ändern konnten. Die Ursachen dafür sind vielfältig. Eine dieser Ursachen liegt in den institutionellen Gegebenheiten; wird doch die Vorstellung von einem solchen Mittelalter aufrechterhalten und ständig gefördert durch die Praxis der Handbücher, der Zeitschriften, der Lehrstühle und der Institute, die der Erforschung des „Mittelalters" gewidmet sind.

Es lohnt sich, über die Chancen und auch über die Zumutungen dieser historisch bedingten und historisch vermittelten Wahrnehmung Rechenschaft zu geben.

Zu den Zumutungen gehört, dass die Praxis der Forschung sich immer wieder an diesen festgeschraubten, verdinglichten Epochenvorstellungen abarbeiten muss, obwohl doch gerade lange geschichtliche Prozesse deren Untauglichkeit immer wieder aufs Neue sichtbar werden lassen. Aber vielleicht liegt gerade darin auch eine Chance der Erkenntnisgewinnung. Die Geschichte der Armut zum Beispiel wird immer wieder in das Schema von Mittelalter und Neuzeit hineingezwängt, obwohl sie dieses Schema ganz und gar widerlegt.[18] Denn die Epochen-Struktur der Geschichte der Armut in

---

[17] *Otto Gerhard Oexle*, Die Gegenwart der Toten (1983), wieder abgedruckt in: Ders., Die Wirklichkeit und das Wissen. Mittelalterforschung – Historische Kulturwissenschaft – Geschichte und Theorie der historischen Erkenntnis. Göttingen 2011, 99–155; *Michel Lauwers*, Naissance du cimetière. Lieux sacrés et terre des morts dans l'Occident médiéval. Paris 2005.

[18] Ein Überblick: *Otto Gerhard Oexle*, Armut im Mittelalter. Die *pauperes* in der mittelalterlichen Gesellschaft, in: Heinz-Dieter Heimann u. a. (Hrsg.), Gelobte Armut. Armutskonzepte der franziskanischen Ordensfamilie vom Mittelalter bis in die Gegenwart. Paderborn / München / Wien / Zürich 2012, 3–15.

Europa ist anders. Die Einschnitte liegen hier, wie Mediävisten wissen, im 12. Jahrhundert (der Zeit der Urbansierung im Okzident und damit der Sichtbarwerdung der Armut, worin der Beginn einer kontinuierlichen Armenfürsorge in den Städten wurzelt und zugleich die religiöse Bewegung der freiwilligen Armut, die sich unmittelbar auf die unfreiwillige Armut bezieht). Einen neuen epochalen Einschnitt finden wir dann erst wieder im 14. Jahrhundert mit den Konsequenzen dessen, was man immer noch am besten mit dem Begriff der „Krise" des Spätmittelalters zusammenfasst.[19] Und der nächste epochale Einschnitt folgt dann im 19. Jahrhundert, nämlich mit dem Aufkommen einer neuen Art von Armut in der sich industrialisierenden Gesellschaft.

Es sind selbstverständlich auch Vorteile in der Beschränkung auf das traditionelle Epochenschema zu erkennen. Sie werden sogar überdeutlich, wenn man sich die Geschichte der Mittelalterforschung in Deutschland ansieht.[20] Man erkennt dann, wie das in Deutschland sehr lange Zeit dominante (und noch nach 1945 erneut favorisierte) Staatsparadigma, also die

---

[19] Dazu *Frank Rexroth*, Das Milieu der Nacht. Obrigkeit und Randgruppen im spätmittelalterlichen London. (Veröffentlichungen des Max-Planck-Instituts für Geschichte, Bd. 153.) Göttingen 1999.

[20] Dazu die Beiträge in: *Moraw / Schieffer* (Hrsg.), Die deutschsprachige Mediävistik (wie oben Anm. 10). Außerdem: *Michael Borgolte* (Hrsg.), Mittelalterforschung nach der Wende 1989. (Historische Zeitschrift. Beiheft, 20.) München 1995; *Ders.*, Sozialgeschichte des Mittelalters. Eine Forschungsbilanz nach der deutschen Einheit. (Historische Zeitschrift, Beiheft, 22.) München 1996; *Hans-Werner Goetz*, Moderne Mediävistik. Stand und Perspektiven der Mittelalterforschung, Darmstadt 1999; *Ders.* (Hrsg.), Die Aktualität des Mittelalters (Herausforderungen. Historisch-politische Analysen, 10.) Bochum 2000; *Jean-Claude Schmitt / Otto Gerhard Oexle* (Hrsg.), Les tendances actuelles de l'histoire du Moyen Âge en France et en Allemagne. Paris 2002; *Hans-Werner Goetz / Jörg Jarnut* (Hrsg.), Mediävistik im 21. Jahrhundert. Stand und Perspektiven der internationalen und interdisziplinären Mittelalterforschung. (Mittelalterstudien des Instituts zur Interdisziplinären Erforschung des Mittelalters und seines Nachwirkens, Bd. 1.) München 2003; *János Bak / Jörg Jarnut / Pierre Monnet / Bernd Schneidmüller* (Hrsg.), Gebrauch und Mißbrauch des Mittelalters, 19.–21. Jahrhundert (Mittelalterstudien des Instituts zur Interdisziplinären Erforschung des Mittelalters und seines Nachwirkens, Bd. 17.) München 2009.

Fixierung auf den „Staat" als wichtigstes Objekt historischer Erkenntnis, schon nach 1918 abgelöst wurde, nämlich in den Werken bedeutender Mediävisten wie Percy Ernst Schramm, Herbert Grundmann und Gerd Tellenbach – oder eines Carl Erdmann, dessen Buch über ‚Die Entstehung des Kreuzzugsgedankens' (erschienen 1935) zu den innovativsten Werken der gesamten Mittelalterforschung des 20. Jahrhunderts gehört.[21] Man kann im einzelnen verfolgen, wie sich die Geschichte der Mittelalterforschung dann nach 1945 ständig mit immer neuen Fragen weiter entfaltete bis zum heutigen Tag. Und sie ist auch hier in Berlin innovatorisch mit der von Michael Borgolte begründeten Frage nach „Integration und Desintegration der Kulturen im europäischen Mittelalter", nach den Möglichkeiten der Begründung einer „transkulturellen Europawissenschaft".[22] Hier geht es um kulturelle Identität – nicht als „objektive Gemeinsamkeit", sondern vielmehr als das Resultat von Grenzziehungen, die getroffen, situativ ausgehandelt oder aber überschritten werden. Und hier gibt es auch neue Kooperationen mit anderen Fächern, mit der Byzantinistik, mit der Islamwissenschaft, mit der Judaistik.

Als ein Nachteil des seit dem 14. und 15. Jahrhundert konzipierten und tradierten Mittelalterbegriffs erscheint auch die absolute Grenze, die dieser immer wieder zwischen Mittelalter und Neuzeit und buchstäblich mit dem Jahr „1500" errichtet. Neuzeithistoriker fühlen sich zum Nicht-Wissen berechtigt, sie fühlen sich gewissermaßen davon dispensiert, zu wissen, was „1499" war. Die Beispiele dafür sind zahlreich. In der Neuzeit – so wird da offensichtlich angenommen – ist ohnehin alles neu. Was die Mediävistik weiß, braucht somit gar nicht erst berücksichtigt zu werden.

---

[21] Zu dieser Auffassung *Otto Gerhard Oexle*, ‚Staat' – ‚Kultur' – ‚Volk'. Deutsche Mittelalterhistoriker auf der Suche nach der historischen Wirklichkeit 1918–1945, in: Moraw / Schieffer (Hrsg.), Die deutschsprachige Mediävistik (wie Anm. 10), 63–101, bes. 80 f.

[22] *Michael Borgolte / Juliane Schiel / Bernd Schneidmüller / Annette Seitz* (Hrsg.), Mittelalter im Labor. Die Mediävistik testet Wege zu einer transkulturellen Europawissenschaft. (Europa im Mittelalter, Bd. 10.) Berlin 2008; *Michael Borgolte / Julia Dücker / Marcel Müllerburg / Bernd Schneidmüller* (Hrsg.), Integration und Desintegration der Kultur im europäischen Mittelalter. (Europa im Mittelalter, Bd. 18.) Berlin 2011; die Zitate hier 9.

Als ein Nachteil aber erscheint mir vor allem, dass mit dem traditionellen Epochenschema nicht wahrgenommen wird, dass und in welcher Weise sich die Erfahrung von Geschichte mitsamt ihren Konsequenzen im Lauf der Neuzeit grundlegend geändert hat, vor allem mit dem Beginn des 18. Jahrhunderts, dem Jahrhundert der Aufklärung.

Das ist kein Zufall. Immanuel Kant hat 1781 in der ersten Auflage seiner ‚Kritik der reinen Vernunft' festgestellt, und seine Formulierung ist repräsentativ für die Aufklärung im Ganzen: „Unser Zeitalter ist das eigentliche Zeitalter der Kritik, der sich alles unterwerfen muß". Historisierung ist eines der schärfsten Instrumente der Kritik – und daran hat sich bis heute nichts geändert. Deshalb die Intensität, mit der Historiker des 18. Jahrhunderts über die Dimensionen und die Begründung historischer Erkenntnis reflektiert haben:[23] in Deutschland die Göttinger Historiker, in Frankreich ein Montesquieu, der 1748 in seinem Buch ‚De l'esprit des lois' nicht nur ein fundamentales Beispiel für eine neue Art historischer Erkenntnis vorlegte[24], sondern auch eine neue Begründung dieser Erkenntnis, nämlich der Erkenntnis, die anhand des historischen Materials weiterschreitet in Entwürfen des erkennenden Geistes.[25]

An dieser Stelle ist ein Blick zu werfen auf diese neuen Erfahrungen von ‚Geschichte' seit dem 18. Jahrhundert, die für die Moderne konstitutiv sind.

(1) Aufklärung bedeutete historische Kritik und hierin eröffnete sich die „Eroberung der geschichtlichen Welt".[26] Naturprobleme und historische

---

[23] *Otto Gerhard Oexle*, Aufklärung und Historismus. Zur Geschichtswissenschaft in Göttingen um 1800, in: Antje Middeldorf-Kosegarten (Hrsg.), Johann Dominicus Fiorillo. Kunstgeschichte und die romantische Bewegung um 1800. Göttingen 1997, 28–56.

[24] Dazu *Ernst Pitz*, Der Untergang des Mittelalters. Die Erfassung der geschichtlichen Grundlagen Europas in der politisch-historischen Literatur des 16. bis 18. Jahrhunderts. (Historische Forschungen, Bd. 35.) Berlin 1987, 661 ff.

[25] *Otto Gerhard Oexle*, ‚Der Teil und das Ganze' als Problem geschichtswissenschaftlicher Erkenntnis. Ein historisch-typologischer Versuch (1990), wieder in: Ders., Geschichtswissenschaft im Zeichen des Historismus. (Kritische Studien zur Geschichtswissenschaft, Bd. 116.) Göttingen 1996, 216–240, hier 234 ff.

[26] *Ernst Cassirer*, Die Philosophie der Aufklärung. Tübingen ³1973, 263 ff.

Probleme wurden dabei noch als Einheit gefasst.[27] Einen Neubeginn bedeutete die Fundierung und Sicherung der Erkenntnis der Welt der Geschichte.
Ihn bezeichnete Pierre Bayle mit seinem ‚Dictionnaire historique et critique‘
von 1695/97. Bayle ging es darum, das Sichere vom Unsicheren zu unter-
scheiden und die Erkenntnis des Historischen durch den Zweifel zu sichern.
Dass dies in der Form eines ‚Dictionnaire‘ erfolgte, weist auf die Gleichran-
gigkeit der Erkenntnisgegenstände hin. Es ging vor allem um die Abgren-
zung der historischen Erkenntnis von der Theologie, von den vorgegebenen
Autoritäten der Tradition, der Bibel, von allen kirchlichen Lehren. Entschei-
dend war dabei die Erfahrung der Problematik des ‚Tatsächlichen‘: die ‚Tatsache‘ ist nicht ein bloßer Baustein, mit dem dann ein Gebäude der Erkenntnis von Geschichte errichtet werden kann. Es geht vielmehr darum, in
intellektueller Arbeit jenen „Komplex der Bedingungen" zu erfassen, „an
die jedes Tatsachenurteil als solches gebunden ist".[28]

Konsequent schließt sich hier ein wissenschaftlicher Methodenstreit an,
der sich ebenfalls mit der Wende zum 18. Jahrhundert entfaltet hat: die Kontroverse zwischen Empirismus und Rationalismus. Ein Wissenschaftshistori-
ker unserer Tage, Jürgen Mittelstraß, äußerte dazu: „Keine erkenntnistheo-
retische Kontroverse hat sich so bestimmend auf die Methodendiskussion
des neuzeitlichen Denkens ausgewirkt wie die zwischen Rationalismus und
Empirismus".[29] Worum ging es dabei? Der Empirismus behauptet die rein
empirische Basis aller Wissenschaften und jeglicher Erkenntnis; hingegen
geht der Rationalismus davon aus, dass es nicht-empirische Inhalte und
Bedingungen empirischer Erkenntnis gibt.

Das Exempel, das in klassischer Weise zeigt, worum es in diesem Streit
ging, ist die Kontroverse zwischen Newton (bzw. seinem Schüler Samuel
Clarke) und Gottfried Wilhelm Leibniz, dem Gründer der Berliner Akade-

---

[27] *Cassirer*, Die Philosophie der Aufklärung (wie Anm. 26), 266.

[28] *Cassirer*, Die Philosophie der Aufklärung (wie Anm. 26), 274.

[29] *Jürgen Mittelstraß*, Rationalismus – Empirismus (Leibniz – Clarke), in: Heinrich
Rombach (Hrsg.), Wissenschaftstheorie, Bd. 1. Freiburg i. Br. 1974, 29-32, hier 29.
Vgl. *Heinrich Rombach*, Substanz, System, Struktur. Die Ontologie des Funktio-
nalismus und der philosophische Hintergrund der modernen Wissenschaft, Bd. 2.
Freiburg / München 1966, 299 ff.

mie.[30] Es ging um den Gegensatz in der Auffassung des physikalischen Begriffs des Raums. Newton hatte in seinem Werk ‚Philosophiae naturalis principia mathematica' von 1687 die Existenz eines absoluten Raums behauptet, also eines in Wahrheit ruhenden Bezugssystems, dessen Koordinaten absolute Orte und entsprechend absolute Abstände bezeichnen. Leibniz hingegen vertrat am Anfang des 18. Jahrhunderts die Auffassung vom Raum als einem relationalen Stellenraum: „Der Raum ist die Ordnung gleichzeitig existierender Dinge, wie die Zeit die Ordnung des Aufeinanderfolgenden".[31] Der Raum ist demnach nichts Absolutes, sondern er wird durch die in ihm gleichzeitig existierenden räumlichen Körper konstituiert. Verknüpft man diese Auffassung mit der Grundannahme der Theorie wissenschaftlicher Erkenntnis von Leibniz – „nihil est in intellectu, quod non fuerit in sensu, excipe: nisi intellectus ipse"[32] – so kann man erkennen, dass dieser Gegensatz von Empirismus und Rationalismus keine Auseinandersetzung aus längst gewesener Wissenschaftsgeschichte bezeichnet, sondern dass er die Wissenschaften noch heute bestimmt.[33]

Er bestimmt auch die heutige Wirklichkeit der Geschichtswissenschaft. Der Historiker Richard Evans (in seinem Buch ‚Fakten und Fiktionen. Über die Grundlagen historischer Erkenntnis', 1998) vertritt die Überzeugung, dass „die Vergangenheit" durch „ihre Überreste" dem Historiker „ihre Wirklichkeit [...] aufzwingt" (was für Evans das Allerselbstverständlichste ist), dass es „Tatsachen" gibt, dass es – wie er sagt – „die Vergangenheit" gibt und dass „die Vergangenheit" wirklich geschehen ist, dass „die

---

[30] *Otto Gerhard Oexle*, Scientia generalis. Harnack, die Königlich Preußische Akademie der Wissenschaften und das Erbe von Gottfried Wilhelm Leibniz, in: *Kurt Nowak / Otto Gerhard Oexle / Trutz Rendtorff / Kurt-Victor Selge* (Hrsg.), Adolf von Harnack – Christentum, Wissenschaft und Gesellschaft. Wissenschaftliches Symposion aus Anlaß des 150.Geburtstages. (Veröffentlichungen des Max-Planck-Instituts für Geschichte, Bd. 204.) Göttingen 2003, 85–112.

[31] Zitiert bei *Mittelstraß*, Rationalismus – Empirismus (wie Anm. 29), 31.

[32] *Gottfried Wilhelm Leibniz*, Neue Abhandlungen über den menschlichen Verstand. Nouveaux essais sur l'entendement humain, Bd. 1. Hrsg. und übersetzt von Wolf von Engelhardt / Hans Heinz Holz. Frankfurt a. M. 1961, 102 f.

[33] Dazu die Kontroversen in: *Christian Geyer* (Hrsg.), Hirnforschung und Willensfreiheit. Zur Deutung der neuesten Experimente. Frankfurt a. M. 2004.

historischen Quellen" demzufolge „tatsächlich für sich selbst" sprechen und dass die „Fakten [...] vollkommen unabhängig von den Historikern" existieren.[34] Eine solche, im genuinen Sinn empiristische Auffassung teilen Historiker wie Roger Chartier oder Jacques Le Goff nicht[35], die aufgrund ihrer gleichfalls im 18. Jahrhundert begründeten Epistemologie (es sei erneut an Montesquieu erinnert) in der Tradition des ‚Rationalismus‘ stehen. Ebenso bereits das Selbstverständnis eines Marc Bloch mit seiner Warnung vor „dem Empirismus, der sich als gesunder Menschenverstand ausgibt" („l'empirisme déguisé en sens commun") und mit seiner Überzeugung, dass die historische Erkenntnis mit der Frage beginnt („au commencement est l'esprit")[36], und ebenso auch Johann Gustav Droysen in der Mitte des 19. Jahrhunderts: auch für ihn war, wie wir schon wissen, der Ausgangspunkt des historischen Forschens die „historische Frage" und nicht das historische Material in seiner „nahezu indefiniten Vielfalt", die auch Marc Bloch betonte.[37]

(2) Es war also die Aufklärung, die zum ersten Mal eine Gliederung der Geschichte vorschlug, die nicht religiös oder theologisch begründet war, sondern die aus der Erkenntnis der Geschichte selbst gewonnen wurde, somit eine geschichtsimmanente Begründung hatte. Reinhart Koselleck hat darauf hingewiesen, dass dieser erste Schritt zugleich die „Erfindung des Mittelalters" war, die sich mit dem Beginn der Moderne im 18. Jahrhundert vollzog, eben weil es „das Programm der Aufklärung" war, „die geschichtliche Zeit nach Kriterien zu ordnen, die sich erst aus der Geschichte selbst

---

[34] *Richard J. Evans*, Fakten und Fiktionen. Über die Grundlagen historischer Erkenntnis. Frankfurt / New York 1998, 78 ff., 115 und 242 f.

[35] *Jacques Le Goff*, L'imaginaire médiéval. Paris 1985, I ff. (Préface); *Roger Chartier*, Die unvollendete Vergangenheit. Geschichte und die Macht der Weltauslegung. Berlin 1989; *Ders.*, Au bord de la falaise. L'histoire entre certitude et inquiétude. Paris 1998.

[36] *Marc Bloch*, Apologie pour l'histoire ou métier d'historien. Paris 1993, 75 und 109. Dazu *Otto Gerhard Oexle*, Marc Bloch et la critique de la raison historique, in: Hartmut Atsma / André Burguière (Hrsg.), Marc Bloch aujourd'hui. Histoire comparée et sciences sociales. Paris 1990, 419–433.

[37] Zu Droysen s. oben Anm. 1; *Bloch*, Apologie (wie Anm. 36), 110.

ableiten ließen".[38] „Die Erfindung des Mittelalters" vollzog sich also im Kontext der Geschichtsauffassung des 18. Jahrhunderts oder, anders gesagt: es war die Geschichtsauffassung der Aufklärung, in der sich die Erfindung des Mittelalters vollzog. Deshalb hat die Reflexion über das Mittelalter in der Aufklärung eine neue Stufe erreicht: Man erkennt das an der Verwendung bisher unbekannter, jetzt aber zentraler Zeitkategorien, in denen sich eine neue geschichtliche Erfahrung manifestiert. Es sind dies, wie Koselleck darlegte, die Kategorien der ‚neuen Zeit' und des ‚Fortschritts'. Die Erfahrung der ‚neuen Zeit' ist die Erfahrung einer als offen und unbegrenzt gedachten Zukunft, die einen offenen Horizont menschlichen Planens und Handelns eröffnet. Und gerade in dieser Erfahrung vollzog sich die Entdeckung der geschichtlichen Welt im 18. Jahrhundert, weil (so Koselleck) „die historische und die fortschrittliche Weltsicht gemeinsamen Ursprungs" sind.

Die Verknüpfung von Mittelalterreflexion, Fortschrittserfahrung und Erfahrung einer ‚neuen Zeit' mit offenem Horizont, oder: die Tatsache, dass sich die Erfahrungen von ‚neuer Zeit' und ‚Fortschritt' im Blick auf das Mittelalter vollzogen haben, bedeuten zum einen, dass das Mittelalter eine zentrale Kategorie für das Denken der Moderne wird. Und sie bedeuten zum anderen, dass ‚Mittelalter' und ‚Fortschritt' in eine spezifische, spannungsreiche Polarität geraten. Diese geschichtlichen Erfahrungen führen zu dem, was ich als die Denkfigur des „entzweiten Mittelalters" bezeichnet habe, die eine signifikante Denkfigur der okzidentalen Moderne ist.[39] Konnte man doch von nun an die Aufklärung verstehen als den Ausgang des Menschen aus seiner selbst verschuldeten Unmündigkeit, als die Beseitigung jener mittelalterlichen Zwänge der Religion und ihrer Sachwalter, der geistigen Unfreiheit und Unwissenheit. Aus der Berücksichtigung dieser Gegebenheiten und ihrer Beurteilung als Fortschritt resultierte die positive Bewertung der Moderne und ihrer Grundelemente, resultierte das Bedürfnis

---

[38] *Reinhart Koselleck*, Moderne Sozialgeschichte und historische Zeiten, in: Pietro Rossi (Hrsg.), Theorie der modernen Geschichtsschreibung. Frankfurt a. M. 1987, 173–190, hier 177 ff.; wieder in: Ders., Zeitschichten. Studien zur Historik. Frankfurt a. M. 2003, 317–335, 321 ff.

[39] *Otto Gerhard Oexle*, Das entzweite Mittelalter (1992), in: Ders., Die Wirklichkeit und das Wissen (wie Anm. 17), 837–866.

nach Bejahung dieser Elemente, resultierte zugleich aber auch das damit verknüpfte und immer wieder zutage tretende Bedürfnis nach einer immer wieder erneuten Diffamierung des als absoluter Gegensatz dazu empfundenen Mittelalters. Das Mittelalter wird damit zum Inbegriff des Gestrigen, des Abgetanen, des Schlechten. Im Gegensatz dazu führt die entgegengesetzte Bewertung dieser Grundkräfte der Moderne, führt also die Kritik am Fortschritt zur Affirmation des Mittelalters. Mit anderen Worten: sieht man die Aufklärung, die Revolutionierung, die Industrialisierung und Technisierung der Welt als einen Prozess, der zur Entwurzelung des Menschen führte, den Menschen herausriss aus sogenannten natürlichen Ordnungen des Lebens, Familie, Verwandtschaft, Dorf und Pfarrei, dann wird das Mittelalter unter diesem Aspekt zum Inbegriff einer verlorenen Welt der Bindung und der Geborgenheit im geistigen wie im sozialen Sinn des Wortes. So wird das Problem von Bindung und Freiheit zu einer Grundfrage der Moderne und wird damit zugleich auch das Mittelalter zu einem singulären Exempel, an dem in der Dialektik von Abstoßung und Identifikation der Prozess der Moderne illuminiert oder aber verurteilt werden kann. Diese Dialektik der Wahrnehmung des Mittelalters als eines ‚entzweiten Mittelalters‘ lässt sich im Alltagsleben, in unserer Gegenwart, in den Äußerungen der Presse und von Politikern immer wieder aufs neue feststellen.[40]

Das Mittelalter ist die einzige Epoche der okzidentalen Geschichte, die in der Form einer solchen ‚Entzweitheit‘ wahrgenommen wird. Es handelt sich um zwei Formen der Wahrnehmung, die gegensätzlich sind, die sich aber wechselseitig antagonistisch und komplementär als das Interesse am Mittelalter oder als die emphatisch vorgetragene Ablehnung des Mittelalters konstituieren.

---

[40] *Otto Gerhard Oexle*, Das Mittelalter und das Unbehagen an der Moderne. Mittelalterbeschwörungen in der Weimarer Republik und danach (1992), in: Ders., Geschichtswissenschaft im Zeichen des Historismus (wie oben Anm. 25), 137–162; *Ders.*, Die Moderne und ihr Mittelalter. Eine folgenreiche Problemgeschichte (1997), in: Die Wirklichkeit und das Wissen (wie Anm. 17), 867–937; zum Thema auch *Valentin Groebner*, Das Mittelalter hört nicht auf. Über historisches Erzählen. München 2008, und die Beiträge in: *Victoria von Flemming* (Hrsg.), Modell Mittelalter, Köln 2010.

17

(3) Mit dieser Feststellung ist jedoch die Bedeutung der Aufklärung für die Wahrnehmung des Mittelalters in der Moderne noch nicht erschöpft. Es ist hier auf eine andere Leistung der Aufklärung hinzuweisen, und das ist die Entdeckung dessen, was die Kunstgeschichte als „Kontrastkoppelung" oder als „Bifokalität" bezeichnet. Sie wird zum ersten Mal sichtbar in der Kunst und Architektur der Mitte des 18. Jahrhunderts, nämlich in Park-Anlagen in England und Deutschland, wo in Bauten gegensätzliche Bilder vergangener Epochen in Erscheinung treten: es sind verschiedene Bilder von Antike und Mittelalter, von Klassizismus und Gotik, die gleichzeitig beschworen werden.[41] Zum Beispiel in englischen Park-Anlagen der zweiten Hälfte des 18. Jahrhunderts mit ihrer Gleichzeitigkeit von griechischen Tempeln und „gotischen Häusern", in denen ‚Antike' und ‚Gotik' als gleichzeitige aber gegensätzliche Imaginationen von Welten der Vergangenheit und damit als Imaginationen von Wert-Welten der Vergangenheit, von „Ganzheit und Harmonie" (W. Hofmann) in der eigenen Gegenwart beschworen werden.[42]

Das früheste Beispiel für diese Kontrastkoppelung in Deutschland bietet der Park zu Wörlitz bei Dessau, in dem Fürst Leopold III. Friedrich Franz von Anhalt nicht nur antike Tempel im klassizistischen Stil errichten ließ, sondern auch, und zwar als Zentrum des ganzen Gartens, als sein privates Refugium und als den Ort, wo er seine Kunstsammlung unterbrachte, 1773 das sogenannte Gotische Haus.[43] Franz von Anhalt-Dessau war jedoch kein

---

[41] *Werner Hofmann*, Das entzweite Jahrhundert. Kunst zwischen 1750 und 1830. München 1995, 112 ff.

[42] Frühe Beispiele, u. a. die Entwürfe für den Neubau von Notre-Dame-de-Bonne-Nouvelle in Orléans: à l'antique und à la gotique (um 1718): *Hofmann*, Das entzweite Jahrhundert (wie Anm. 41), 115 ff.

[43] *Reinhard Alex*, Das Gotische Haus – Ein Refugium des Fürsten, in: Kulturstiftung Dessau-Wörlitz (Hrsg.), Unendlich schön. Das Gartenreich Dessau-Wörlitz. Berlin ²2006, 130–142. Zur Deutung: *Klaus Niehr*, Gotikbilder – Gotiktheorien. Studien zur Wahrnehmung und Erforschung mittelalterlicher Architektur in Deutschland zwischen ca. 1750 und 1850. Berlin 1999, 127 ff. Zur Wahrnehmung und Deutung der Gotik in der Moderne außer der genannten Darstellung von K. Niehr auch: *Jens Bisky*, Poesie der Baukunst. Architekturästhetik von Winckelmann bis Boisserée. Weimar 2000, und die Beiträge in: Oexle / Petneki / Zygner (Hrsg.), Bilder gedeuteter Geschichte (wie Anm. 12), bes. *Bernd Carqué*, Epistemische Dinge.

18

Mittelalter-Nostalgiker, er war kein Romantiker „avant la lettre", er war vielmehr ein namhafter Vertreter der deutschen Aufklärung.[44] In Fortführung dieser epochalen Neuerung hat dann am Beginn des 19. Jahrhunderts Friedrich Schinkel mit seinen Entwürfen für den Wiederaufbau der Friedrichswerderschen Kirche in Berlin, gotischen und klassizistischen, das „bifokale Kulturkonzept" vertreten (in Berlin wurde ein gotischer Entwurf realisiert, wie man noch immer sehen kann). Die Entwürfe zeigen „ideale Gesellschaftszustände, in denen alle schöpferischen Kräfte harmonisch zusammenwirken".[45]

Dies alles führt uns auf das weite Feld des ‚gedachten Mittelalters', auf dem seit dem 18. Jahrhundert in Kunst, Architektur und Literatur sämtliche Auseinandersetzungen mit dem ‚Mittelalter' und das heißt auch: wesentliche Konstituierungen des ‚Mittelalters' sich vollzogen haben. Davon und von der Bedeutung dieses gedachten Mittelalters für die ‚Gegenwart des Mittelalters' in der Moderne soll nun im dritten und letzten Abschnitt dieser Überlegungen die Rede sein.

Zur bildlichen Aneignung mittelalterlicher Artefakte, Bd. 1, 55–162, und *Klaus Niehr*, Die perfekte Kathedrale. Imaginationen des monumentalen Mittelalters im französischen 19. Jahrhundert, Bd. 1, 163–221, und die unten Anm. 80 ff. genannten Titel. Zur exemplarischen Wahrnehmung und Deutung des Kölner Doms im 19. Jahrhundert: *Nicola Borger-Keweloh*, Die mittelalterlichen Dome im 19. Jahrhundert. München 1986, passim; *Mario Kramp*, Die „armen Schelme" vom Domverein im Pariser Exil 1842–1848. München / Berlin 2002.

[44] *Heinrich Dilly / Holger Zaunstöck* (Hrsg.), Fürst Franz. Beiträge zu seiner Lebenswelt in Anhalt-Dessau 1740–1817. Halle (Saale) 2005; *Holger Zaunstöck* (Hrsg.), Das Leben des Fürsten. Studien zur Biografie von Leopold III. Friedrich Franz von Anhalt-Dessau (1740–1817). Halle 2008.

[45] *Hofmann*, Das entzweite Jahrhundert (wie Anm. 41), 129. Vgl. *Karl Friedrich Schinkel*, Führer zu seinen Bauten, Bd. 1: Berlin und Potsdam. München / Berlin ²2006, 40 ff.

III.

Hier geht es darum, weitere Erscheinungsformen der Gegenwart des Mittelalters in den Blick zu nehmen, insofern sie durch das Denken der Moderne konstituiert sind. Es wird dabei abermals, wie wir sehen werden, nicht nur um das Denken der Moderne gehen, sondern auch um Formen des kulturellen Handelns, in denen sich die Moderne manifestiert.

Ich will dabei und bevor ich das Gemeinte an Beispielen zeige, einige Klärungen vorausschicken. Nämlich:

(1) Erstens werden wir uns von dem Klischee von der Aufklärung, die ,mittelalterfeindlich' war, und von der Romantik, die ,mittelalterfreundlich' war, trennen müssen. Es ist für unsere Fragestellung nicht brauchbar. Denn hier geht es um Momente in einem langfristigen Prozess der Wahrnehmung des Mittelalters und der sich ständig wandelnden Konstituierung der Gegenwart des Mittelalters, der für die Moderne kennzeichnend ist. Es geht darum, den seit dem 18. Jahrhundert in der Aufklärung und durch die Aufklärung begonnenen Prozess der Moderne zu sehen im Blick auf die Schübe unterschiedlich akzentuierter Mittelalterwahrnehmung, von Mittelalterreflexion und am Mittelalter sich orientierender kultureller Produktivität.

(2) Es liegt dabei, zweitens, ein Missverständnis nahe, das ausdrücklich als solches benannt werden soll. Nämlich: es handele sich um die Beobachtung von Mittelalter-Rezeption. Der Begriff der Rezeption ist hier irreführend; denn er bezieht sich auf ein ,Ding', also zum Beispiel ein ,Corpus' von Schriften, das wieder angeeignet wird. So spricht man von der Rechts-Rezeption des 11. und 12. Jahrhunderts, die sich auf das Corpus Iuris, also die Gesetze der antiken Kaiser und die Kommentare der antiken Rechtswissenschaft bezog. Ebenso kann man von einer Rezeption der antiken Philosophie (Aristoteles und Plato) im Mittelalter sprechen oder von einer Rezeption der antiken Medizin (Hippokrates und Galen). Das Mittelalter aber ist kein ,Ding' solcher Art. Der Begriff der Mittelalter-Rezeption mitsamt seinen Implikationen[46], der sich vor allem seit den späten 1970er Jahren in

---

[46] Dazu *Bastian Schlüter*, Explodierende Altertümlichkeit. Imaginationen vom Mittelalter zwischen den Weltkriegen. Göttingen 2011, 74 ff.

Deutschland, vornehmlich in der Germanistik, aber auch in der historischen Mittelalterforschung etabliert hat, ist hier fehl am Platz. Mit dieser Feststellung sollen die Verdienste der Forschung über ‚Mittelalter-Rezeption‘[47] nicht in Frage gestellt werden. Es ist nur darauf hinzuweisen, dass es bei der in unserem Zusammenhang erörterten Fragestellung um die Frage nach den „Schichten historisch-kultureller Zuschreibungen"[48] geht, um produktive Epochenimaginationen in der Moderne. Treffend hat Jan Assmann festgestellt: „Die Vergangenheit wird von der Gegenwart nicht einfach ‚rezipiert‘. Die Gegenwart wird von der Vergangenheit unter Umständen auch ‚heimgesucht‘, und die Vergangenheit wird von der Gegenwart rekonstruiert, modelliert und unter Umständen auch erfunden. Gewiss, dies alles schließt die Arbeit und die Techniken des Überliefern und Rezipierens ein; aber es ist sehr viel mehr im Spiel in der Dynamik der kulturellen Erinnerung, als es der Begriff der Rezeption adäquat auszudrücken vermag".[49] Es geht nicht um Rezeption, es geht vielmehr um kulturelle Erinnerung, um das kulturelle Gedächtnis. Es geht um Epochen als Sinnformationen, um die Bilder und Imaginationen, die sich mit ihnen verbinden, es geht nicht um das Mittelalter als solches und auch nicht darum, wie es rezipiert wird oder fortlebt, sondern es geht um das Mittelalter als „Produkt kultureller Inanspruchnahmen in der Moderne".[50]

---

[47] Vgl. *Peter Wapnewski* (Hrsg.), Mittelalter-Rezeption. Ein Symposion. (Germanistische Symposien. Berichtsbände, 6.) Stuttgart 1986; *Reinhold R. Grimm* (Hrsg.), Mittelalter-Rezeption. Zur Rezeptionsgeschichte der romanischen Literaturen des Mittelalters in der Neuzeit. (Grundriß der romanischen Literaturen des Mittelalters. Begleitreihe, Bd. 2.) Heidelberg 1991.

[48] *Schlüter*, Explodierende Altertümlichkeit (wie Anm. 46), 75.

[49] *Jan Assmann*, Moses der Ägypter. Entzifferung einer Gedächtnisspur. Frankfurt a. M. 2000, 27. – Zur „Dynamik der kulturellen Erinnerung" die oben Anm. 12 genannten Titel.

[50] *Schlüter*, Explodierende Altertümlichkeit (wie Anm. 46), 77. Dazu die Beiträge in: *Oexle / Petneki / Zygner* (Hrsg.), Bilder gedeuteter Geschichte (wie Anm. 12), und in: *Fried / Rader* (Hrsg.), Die Welt des Mittelalters (wie Anm. 12). Über die Kathedrale: s. oben Anm. 43. Über die Burg: *Michał Woźniak*, Die Wiederherstellung der Marienburg an der Wende vom 19. zum 20. Jahrhundert. Vorstellungen einer mittelalterlichen Burg zwischen wissenschaftlicher Restaurierung und nationalistischer Sehnsucht, in: Oexle / Petneki / Zygner (Hrsg.), Bd. 2, 287–336, und *Stefan*

(3) Wichtig ist dabei, drittens, der Aspekt der kulturellen Produktivität, die in diesen Inanspruchnahmen des Mittelalters in der Moderne sichtbar wird, wie wir im Blick auf die Park-Anlagen des 18. Jahrhunderts bereits gesehen haben. Ein anderes Beispiel, aus der ersten Hälfte des 19. Jahrhunderts, ist Victor Hugos 1831 veröffentlichter Roman ,Notre-Dame de Paris' (in Deutschland unter dem irreführenden Titel „Der Glöckner von Notre-Dame" bekannt). Es handelt sich hier nicht ausschließlich um einen Mittelalterroman. Es handelt sich auch nicht um das Produkt einer ,romantischen' Aneignung des Mittelalters.[51] Der Roman ist geschrieben, während, buchstäblich unter den Fenstern der Wohnung des Autors, sich die Pariser Juli-Revolution von 1830 abspielte. Gewiss: die Romanhandlung ist ins Mittelalter verlegt. Aber das Wesentliche des Romans und die Bedingung seiner Wirkung ist die Reflexion über ,Mittelalter', ,Renaissance' und ,Moderne', über das Mittelalter, „parce qu'il est plus près de nous", über Tradition und Revolution, über Architektur und Buchkunst, über die Französische Revolution und die künftigen Revolutionen des 19. Jahrhunderts.[52] In dieser Reflexion über die Gegenwart vor dem Hintergrund des erzählten Mittelalters der Roman-Handlung beruhen die weitreichenden Wirkungen, die dieser Roman auf ganz anderen Feldern als dem der Literatur bis ins 20. Jahrhundert hinein gehabt hat.[53]

Schweizer, Der Großherzog im Historienbild. Die Vergegenwärtigung des Mittelalters auf der Wartburg als fürstliche Legitimationsstrategie, ebd., 383–446; *Olaf B. Rader*, Die Burg, in: Fried / Rader (Hrsg.), Die Welt des Mittelalters, 113–126. Am Beispiel von Breslau: *Jan Harasimowicz*, Die „örtliche Geschichtlichkeit" in der Kultur Breslaus vom Ende des 18. bis zum Anfang des 20. Jahrhunderts in: Oexle / Petneki / Zygner (Hrsg.), Bd. 2, 337–381; am Beispiel von Budapest: *Reinhard Laube*, Ein Bild – zwei Geschichten. Der Budapester Heldenplatz – Árpád und der Heilige Stephan, ebd., 447–508.

[51] Zum folgenden *Barbara Potthast*, Die Ganzheit der Geschichte. Historische Romane im 19. Jahrhundert. Göttingen 2007, 118 ff.

[52] Dazu ebd., 126 ff.

[53] Dazu das ,Testament' des amerikanischen Architekten Frank Lloyd Wright von 1957: *Bruce Brooks Pfeiffer* (Hrsg.), The Essential Frank Lloyd Wright. Critical Writings on Architecture. Princeton / Oxford 2008, 365 ff. (mit einem Urteil über Victor Hugos Roman: "the most illuminating essay on architecture yet written").

Ein anderes Beispiel dafür sind die Präraffaeliten. Sie sind der wichtigste Beitrag der englischen Kunst zum europäischen 19. Jahrhundert.[54] Ihre Wirkungen reichen weit ins 20. Jahrhundert hinein. Das emphatische Bekenntnis zu John Ruskin und zu William Morris[55] steht am Beginn des Wirkens eines Henry van de Velde[56], den man den „Doyen des Jugendstils" genannt hat[57], der nach 1900 die Leitung der Kunstgewerbeschule in Weimar übernahm[58] und von da aus erhebliche Wirkungen in der europäischen Kunst und Architektur erreichte.[59]

Mit diesen Hinweisen nehmen wir das 20. Jahrhundert in den Blick, und es soll an einigen Beispielen, vor allem aus der Geschichte der Musik und der Architektur, die dritte Dimension der ‚Gegenwart des Mittelalters' deutlicher werden. Es geht dabei – vor dem Hintergrund der allgemeinen Debatten um Mittelalter und Moderne[60] – nicht so sehr um Ideologiekritik, als vielmehr um kulturelle Produktivität.

---

[54] Aus der reichen Literatur sei hier nur genannt: *Elizabeth Prettejohn*, The Art of the Pre-Raphaelites. London 2007. Über den ‚Mediävalismus' der Präraffaeliten zum Beispiel: Gothic Revival. Architecture et arts décoratifs de l'Angleterre victorienne. Paris 1999. Vgl. *Otto Gerhard Oexle*, Das Mittelalter als Repräsentation der Moderne: Die Präraffaeliten (wie Anm. 7), 247–254.

[55] Vgl. *Henry van de Velde*, Kunstgewerbliche Laienpredigten (1902), neue Ausgabe Berlin 1999. Über Ruskin und Morris s. oben Anm. 7.

[56] Über ihn: *Klaus-Jürgen Sembach / Birgit Schulte* (Hrsg.), Henry van de Velde. Ein europäischer Künstler seiner Zeit. Köln 1992; *Ursula Muscheler*, Möbel, Kunst und feine Nerven. Henry van de Velde und der Kultus der Schönheit 1895–1914. Berlin 2012.

[57] *Gabriele Fahr-Becker*, Jugendstil, Köln 1996, 152.

[58] *Muscheler*, Möbel (wie Anm. 56).

[59] Über Ernst Osthaus und Peter Behrens: *Muscheler*, Möbel (wie Anm. 56), 137 u. ö.; über die Wirkungen van de Veldes in Frankreich: *Christian Freigang*, Auguste Perret, die Architekturdebatte und die „Konservative Revolution" in Frankreich 1900–1930. München / Berlin 2003, 41 ff.

[60] *Oexle*, Die Moderne und ihr Mittelalter (wie Anm. 40), bes. 891 ff. und 894 ff.; *Johannes Heinßen*, Historismus und Kulturkritik. Studien zur deutschen Geschichtskultur im späten 19. Jahrhundert. (Veröffentlichungen des Max-Planck-Instituts für Geschichte, Bd. 195.) Göttingen 2003.

(1) Ein erstes Beispiel ist die moderne Musik. Hinzuweisen ist dabei auf Veröffentlichungen der Musikwissenschaftlerin Annette Kreutziger-Herr, vor allem auf ihr kleines Buch von 2008 mit dem Titel ‚Im Schatzhaus der Erinnerung: Die Musik des Mittelalters in der Neuzeit‘.[61]

Kreutziger-Herr gibt einen Überblick über die Phasen des Vergessens der mittelalterlichen Musik und ihrer neuen Gegenwart seit der Zeit der Aufklärung. Es geht dabei nicht um die Gregorianik, es geht nicht um den gregorianischen Choral, der als liturgische Musik immer einen festen Platz in der Gottesdienstpraxis späterer Jahrhunderte hatte und noch immer hat. Mit Musik des Mittelalters ist vielmehr die gesamte, auch die profane Musik des Mittelalters gemeint: die Musik der männlichen und weiblichen Troubadours, der Trouvères und Minnesänger, die Musik der Spielleute, vor allem aber die „Kunstmusik Europas, die im Mittelalter ihre Grundlagen hat": mit der Mehrstimmigkeit, mit der Erfindung einer Notenschrift, mit der Ausformung einer reichhaltigen, schriftgebundenen Musikkultur, wie sie in Notre-Dame in Paris im 12. Jahrhundert entwickelt und dann in der hochkomplexen französischen und italienischen Musikkultur des 13. und 14. Jahrhunderts weitergeführt wurde. Dies alles geriet im frühen 16. Jahrhundert, mit der Erfindung des Notendrucks, in Vergessenheit. Mittelalterliche Musik wurde nicht gedruckt, sie galt als rückständig und überholt. Dagegen hat sich die Aufklärung mit dem Anspruch gewandt, das gesamte Weltwissen in Geschichte und Gegenwart neu zu erfassen und die Welt neu zu verstehen.[62]

Gewiss war das Mittelalter in der Aufklärung kein bevorzugter Gegenstand der historischen Erkenntnis, aber dass sich gerade in der Aufklärung ein neues Interesse am Mittelalter manifestierte, ist nicht zu übersehen.[63]

---

[61] *Annette Kreutziger-Herr*, Im Schatzhaus der Erinnerung: Die Musik des Mittelalters in der Neuzeit. (Zwölfte Sigurd Greven-Vorlesung.) Köln 2008; *Dies.*, Ein Traum vom Mittelalter. Die Wiederentdeckung mittelalterlicher Musik in der Neuzeit. Köln / Weimar / Wien 2003.

[62] *Kreutziger-Herr*, Im Schatzhaus der Erinnerung (wie Anm. 61), 9.

[63] Dazu *Voss*, Das Mittelalter im historischen Denken Frankreichs (wie oben Anm. 11), 111 ff. Als Monographie: *Lionel Gossman*, Medievalism and the Ideologies of the Enlightenment. The World and Work of La Curne de Sainte-Palaye. Baltimore 1968. Über die Wahrnehmung des Historischen in der Aufklärung: *Oexle*, Aufklärung und Historismus (wie Anm. 23).

Das erste Monumentalwerk zur Musik des Mittelalters erschien 1774 aus der Feder des St. Blasianer Fürstabtes Martin Gerbert; es trug den Titel ‚De cantu et musica sacra a prima ecclesiae aetate usque ad presens tempus'.[64] Die Geschichte der Wiederentdeckung der mittelalterlichen Musik gewann im 19. Jahrhundert immer neue Dimensionen und mündete ein in die Zeit der Jahrhundertwende von 1900, in der dieser Prozess vollends und in überraschender Weise sichtbar wird. Kreutziger-Herr spricht geradezu von einer „Zeitgenossenschaft des Mittelalters", die jetzt erreicht wurde: in Kompositionen, in der Aufführungspraxis, in der Entstehung einer „musikalischen" und „musikwissenschaftlichen Mediävistik" und einer „mediävistischen Musikhistoriographie" um 1900. In Deutschland sei die musikwissenschaftliche Mittelalterforschung „geradezu explodiert":[65] die Notationen mittelalterlicher Musik wurden jetzt Gegenstand der Forschung; man erarbeitete ein „kohärentes Bild mittelalterlicher Musikgeschichte"; es formierte sich ein „Diskurs über mittelalterliche Musik"; man vervollständigte das eigene historische Weltbild; mittelalterliche Musik wurde in das Konzertleben integriert; und in „besonderer Konvergenz" vereinigten sich in Deutschland „Mittelalterforschung und Jugendmusikbewegung".[66]

Hier wirkten mehrere kulturelle Faktoren ein.[67] Dazu gehörten die beschleunigten Veränderungen in allen Bereichen des Lebens, in Alltag, Gesellschaft, Politik, Technik und Wissenschaften, von denen die Jahre von 1900 bis 1914 geprägt wurden.[68] Dazu gehörten auch „Unruhe und Spannungen" im Bereich der Musik (erinnert sei an den Skandal des Orchesterkonzerts mit Werken von Schönberg, Webern und Berg in Wien am 31. März 1913 und den Skandal der Uraufführung von Strawinskys Ballett ‚Le Sacre du Printemps' am 29. Juni 1913 in Paris); sie führten „zu dem Bedürfnis nach etwas Stabilem, Ganzem, Bedeutungsvollen" – Worte, „mit denen man bald die mittelalterliche Musik beschreiben" wird. Da die Antike keine

---

[64] *Kreutziger-Herr*, Ein Traum vom Mittelalter (wie Anm. 61), 110 ff.

[65] *Kreutziger-Herr*, Ein Traum vom Mittelalter (wie Anm. 61), 130 ff. u. ö.

[66] *Kreutziger-Herr*, Ein Traum vom Mittelalter (wie Anm. 61), 143 f.

[67] Das folgende nach *Kreutziger-Herr*, Im Schatzhaus der Erinnerung (wie Anm. 61), 13 f.

[68] Darüber *Philipp Blom*, Der taumelnde Kontinent. Europa 1900–1914. München 2011.

Musik hinterlassen hat, „war die mittelalterliche Musik die älteste Musik, die man hören konnte". Zu den Faktoren gehörte außerdem die „enorme Popularität" Richard Wagners, der schon seit langem „mittelalterliche Themen und Traditionen in einen neuen Blickwinkel" gebracht hatte.[69] Es gehörte dazu die Vielfalt musikalischer Stile, die aus der Volksmusik schöpften und nationale Traditionen zu Gehör brachten. Es gehörte dazu die Musik eines Igor Strawinsky, der „neue Entdeckungen alter Musik" in seine Musik einbezog und mit „Prinzipien, Formen und Techniken der Vergangenheit" arbeitete. Es spielten eine Rolle die ablehnenden Reaktionen auf die Zwölfton-Musik und ihre „Atonalität" (Arnold Schönberg, Alban Berg, Anton von Webern), die zu einem „Bedürfnis nach einfacherer, leichter hörbarer Musik" geführt haben, wobei es aber nicht Nostalgiker waren, sondern die Vertreter einer anderen Avantgarde, die einen „eigenen neuen Anknüpfungspunkt" suchten und ihn in einer Musik fanden, „die jenseits und vor der europäischen Musikgeschichte angesiedelt war". Eine bedeutsame Rolle spielte auch die Entwicklung der Geisteswissenschaften und gerade der Mediävistik. Es spielte eine Rolle die Destruktion des Fortschrittsgedankens seit dem Ende des 19. Jahrhunderts, dahingehend, „dass die Idee vom stetigen musikalischen Fortschritt einem anderen Konzept zu weichen" begann. Zusammenfassend, so noch einmal Kreutziger-Herr, lasse sich sagen, dass mittelalterliche Musik jetzt „gleichzeitig das Bedürfnis nach etwas Altem, Bewährtem und etwas ganz Neuem", nach etwas „unerhört Neuem", befriedigte.

Dafür sei noch ein frappantes, weil unerwartetes Beispiel angeführt, das der Schauspielerin und Sängerin Yvette Guilbert, die im ‚Moulin Rouge' auf dem Montmartre Triumphe feierte.[70] Wir kennen sie heute vor allem durch die Lithographien eines Henri de Toulouse-Lautrec. Yvette Guilbert hat 1900 ihre Verträge gekündigt, um künftig mit der, wie sie es nannte, „alten französischen Vokalmusik" aufzutreten. Sie hat ihr gesamtes Repertoire neu gestaltet. Und dieses ihr zweites Repertoire ist in der Welt des 20. Jahrhunderts, wie Kreutziger-Herr formulierte, „reines Mittelalter", freilich von besonderer Art. Sie hat es seit den ersten Jahren des 20. Jahrhunderts auf

---

[69] *Kreutziger-Herr*, Ein Traum vom Mittelalter (wie Anm. 61), 83 ff.

[70] *Kreutziger-Herr*, Ein Traum vom Mittelalter (wie Anm. 61), 178 ff. und 192 ff.

ihren Tourneen in Europa und in den USA vorgetragen und damit sämtliche Liedformen des Mittelalters gegenwärtig gemacht. Und sie hat auch, aus eigenen Mitteln, die Publikation von Vokalmusik des Mittelalters finanziert, seit 1906 insgesamt vier Bände, weitere in den 1920er Jahren.

(2) Die Metapher von der „Explosion" des Mittelalter-Imaginariums seit 1900 begegnet auch im Blick auf die Literatur. In dem Buch des Germanisten Bastian Schlüter, ‚Explodierende Altertümlichkeit. Imaginationen vom Mittelalter zwischen den Weltkriegen'[71] geht es um Literatur, Essayistik und Historiographie. Der Ausdruck „explodierende Altertümlichkeit" stammt von Thomas Mann und findet sich in dessen Roman ‚Doktor Faustus' von 1947.[72]

Es geht in Schlüters Buch um den Mediävalismus eines Stefan George und seiner Jünger, um die Mittelalterromane eines Hermann Hesse (‚Narziss und Goldmund'; ‚Das Glasperlenspiel') und anderer, um die Deutungen von ‚Mittelalter', ‚Renaissance' und ‚Moderne' bei Hermann Broch (‚Die Schlafwandler'), um das essayistische Werk des Schriftstellers und Dante-Übersetzers Rudolf Borchardt, der eine „Mittelalterliche Altertumswissenschaft" vorgeschlagen hat (analog zur „Klassischen Altertumswissenschaft")[73], es geht um die Geschichtsschreibung von Ricarda Huch (‚Römisches Reich Deutscher Nation') und Ernst H. Kantorowicz (‚Kaiser Friedrich der Zweite').

Am eindringlichsten hat sich Thomas Mann in seinem gesamten Werk mit dem ‚Mittelalter' und dem Mediävalismus der Deutschen auseinandergesetzt[74], an dem er zugleich aber auch in seiner Weise teilnahm. Im ‚Doktor

---

[71] *Schlüter*, Explodierende Altertümlichkeit (wie Anm. 46).

[72] *Schlüter*, Explodierende Altertümlichkeit (wie Anm. 46), 53 und 364.

[73] Über Borchardts Dante als „bewundertes Kuriosum eines deutschen Sonderwegs" *Johannes Helmrath*, Dante, in: Fried / Rader (Hrsg.), Die Welt des Mittelalters (wie Anm. 12), 209–231, das Zitat 227. Zur großen Bedeutung des Mittelalters in den Geschichtsdeutungen der Deutschen am Beginn des 20. Jahrhunderts auch: *Münkler*, Die Deutschen und ihre Mythen (wie oben Anm. 12). Über die Denkfigur des ‚Neuen Mittelalters', die auf Novalis zurückgeht: *Oexle*, Die Moderne und ihr Mittelalter (wie Anm. 40), 891 ff., 894 ff. und 917 ff.

[74] *Schlüter*, Explodierende Altertümlichkeit (wie Anm. 46), 327 ff.

Faustus' gibt er in den Mythologien des (fiktiven) Erinnerungsortes „Kaisersaschern"[75] nicht nur eine Kritik der deutschen Evokationen des Mittelalters als Heilmittel gegen die Moderne und als Beschwörung der antimodernen ‚Übermoderne' oder ‚eigentlichen' Moderne, sondern ist selbst von den Mittelalter-Mythologien erfasst: das mittelalterliche „Kaisersaschern" ist „das Symbol für eine historische Verwirklichung des Deutschen im Zeichen von Kosmopolitismus und Universalismus, gleichsam im Zustand der Unschuld".[76] Der symbolisch hochbesetzte Ort „Kaisersaschern" ist im Roman der Grab-Ort Kaiser Ottos III. und der Geburts-Ort des Komponisten Adrian Leverkühn, dessen Hauptwerk, eine ‚Apocalipsis cum figuris', aus der zeitgenössischen Zwölftonmusik geschaffen ist (als deren Urheber er dargestellt wird) – zugleich aber auch aus dem musikalischen Fundus der Chormusik des Spätmittelalters schöpft. Das hatte bereits der reale Arnold Schönberg von sich behauptet, um seiner ‚Atonalität' eine Legitimation zu geben, die sie nicht hatte.[77]

(3) Imaginationen des Mittelalters, genauer gesagt: Imaginationen von ‚Gotik' formten auch die Deutungen der Kunst des beginnenden 20. Jahrhunderts. Es wurde eine neue Kunst aus dem „Geist der Gotik" gesucht, die in der Lage sein sollte, neue Werte[78] für die moderne Gesellschaft verbindlich darzustellen.[79] Man fand sie, wie die Kunsthistorikerin Magdalena Bushart umfassend dargestellt hat[80], in der Kunst des Expressionismus. Noch

---

[75] *Schlüter*, Explodierende Altertümlichkeit (wie Anm. 46), 358 ff.

[76] *Schlüter*, Explodierende Altertümlichkeit (wie Anm. 46), 371. Hier dürfte nicht nur Ernst H. Kantorowicz Pate gestanden haben (dazu Schlüter 285 ff. u. 370 f. Anm. 81), sondern auch der Historiker Percy Ernst Schramm mit seinem Buch ‚Kaiser, Rom und Renovatio' von 1929; dazu *Oexle*, ‚Staat' – ‚Kultur' – ‚Volk' (wie Anm. 21), 85.

[77] *Schlüter*, Explodierende Altertümlichkeit (wie Anm. 46), 363 f. mit Anm. 73 (mit Lit.).

[78] Zur Frage nach der Entstehung neuer Werte in der Philosophie um 1900 und in der ersten Hälfte des 20. Jahrhunderts: *Hans Joas*, Die Entstehung der Werte. Frankfurt a. M. 1997.

[79] Dazu *Oexle*, Die Moderne und ihr Mittelalter (wie Anm. 40), 900 ff.

[80] *Magdalena Bushart*, Der Geist der Gotik und die expressionistische Kunst. Kunstgeschichte und Kunsttheorie 1911–1925. München 1990; *Dies.*, Die Kathedralen der Expressionisten, in: Modell Mittelalter (wie Anm. 40), 49–71.

im Gründungsmanifest des Bauhauses hat Walter Gropius 1919 die mittelalterliche Dombauhütte und das „Gesamtkunstwerk" der gotischen Kathedrale als Vorbild für die Moderne beschworen, hat Lyonel Feininger einen Holzschnitt beigesteuert, der mit seiner Evokation einer gotischen Kathedrale eben dies zum Ausdruck brachte.[81] Ähnlich die gesprochenen und gebauten Manifeste anderer Architekten jener Zeit (Bruno Taut, Peter Behrens).[82]

(4) Gerade die Architektur des beginnenden 20. Jahrhunderts bietet eindrucksvolle Beispiele für die Gegenwart des Mittelalters, die zum Teil als solche noch kaum erkannt sind.

Als erstes sei hier die Kaiser-Wilhelm-Gedächtniskirche in Berlin genannt. Sie wurde 1890/95 im Stil der Spätromanik, im Stil des späten 12. Jahrhunderts, erbaut. Sie erinnert an Maria Laach oder an die Marienkirche in Gelnhausen. Bekanntlich war die Kirche ein Memorialbau für Kaiser Wilhelm I. und sollte zugleich der Legitimation des Hohenzollern-Kaisertums dienen, indem sie der fiktiven Kontinuität zwischen den Staufern und den Hohenzollern eine visuell fassbare Wirklichkeit verlieh.

Aber die zunächst naheliegenden ideologiekritischen Distanzierungen im Umgang mit diesem Bau gehen an Wesentlichem vorbei. Architekt war Franz Schwechten, der außer zahlreichen anderen Sakralbauten in mittelalterlichen, in romanisierenden Architekturformen, vor allem in Berlin, zahlreiche Geschäfts-, Wohn- und Verkehrsbauten, vor allem aber auch

---

[81] *Otto Gerhard Oexle*, Die gotische Kathedrale als Repräsentation der Moderne, in: Otto Gerhard Oexle / Michail A. Bojcov (Hrsg.), Bilder der Macht in Mittelalter und Neuzeit. Byzanz – Okzident – Russland. (Veröffentlichungen des Max-Planck-Instituts für Geschichte, Bd. 226.) Göttingen 2007, 631–674, hier 643 ff. und 652 ff., wieder in: Ders., Die Wirklichkeit und das Wissen (wie Anm. 17), 938–980, hier 952 und 960 ff.; *Bushart*, Die Kathedralen der Expressionisten (wie Anm. 80), 58 ff.

[82] *Oexle*, Die gotische Kathedrale als Repräsentation der Moderne (wie Anm. 81), 952 ff. u. 960 ff.; *Ders.*, Das Mittelalter in unserer Gegenwart (wie Anm. 7); *Bushart*, Die Kathedralen der Expressionisten (wie Anm. 80), passim; *Christian Freigang*, Die Kathedrale lebt. Zur Aktualität der mittelalterlichen Architektur, in: Modell Mittelalter (wie Anm. 40), 72–94. Zur gotischen Kathedrale in der Moderne auch die in Anm. 43 genannten Titel.

Industriebauten geschaffen hat.[83] Sie sind Marksteine der baulichen Entwicklung Berlins um 1900 und am Beginn des 20. Jahrhunderts. Die Leistung Schwechtens lässt sich also nicht auf sogenannte „historistische" Sakralbauten reduzieren, wie das lange Zeit der Fall war, was eine differenzierte Beurteilung dieses Architekten und seines Werks verhindert hat.[84]

Man sollte zur Kenntnis nehmen, dass ursprünglich etwas ganz anderes da stand, als wir heute anhand der Ruine noch wahrnehmen können, nämlich eine Platzkirche, die für die vier von hier ausgehenden Straßenfluchten einen attraktiven visuellen Abschluss bilden sollte (Abb. 1). Der Kirchenbau war von zwei nach 1945 nicht wieder aufgebauten Profanbauten, Wohn- und Geschäftshäusern, gleichfalls im romanischen Stil ‚gefasst'. Auf der einen Seite, gegenüber dem Hauptturm, das „Romanische Haus" (1893/96), auf der anderen Seite, gegenüber der Apsis, das zweite „Romanische Haus" (1897/ 1901), mit dem berühmten „Romanischen Café". Hier war also ein „Romanisches Forum" entstanden, das für die Berliner Stadtentwicklung im sogenannten Neuen Westen mit Kurfürstendamm und Umgebung „ökonomisch und kulturell ein bedeutender Nukleus" war.[85] Die Kirche sollte also auch städtebaulich-ikonographischen Funktionen dienen; sie sollte Blickpunkte bilden und malerische Bildeindrücke im Stadtbild erzeugen. Auch hatte sie Aufgaben in der Stadtmission. Von alledem vermittelt der heutige Zustand nichts mehr, weil die einstige städtebauliche Funktion als Platzkirche mitsamt ihrer Umgebung durch die nach 1945 hergestellte Straßenführung nicht mehr erkennbar ist.[86] Wir können von dieser Funktion noch etwas ahnen, wenn wir die Rolle dieses Baus in der Werbegrafik der Zwischenkriegszeit beachten, als ein führender Werbegrafiker wie Jupp Wiertz auf einem Plakat ‚Germany wants to see you' (1929) im Ausland für Berlin warb (Abb. 2): mit einer Darstellung des nächtlichen Kurfürstendamms und der ‚mittelalterlichen Kirche' mitten

---

[83] Dazu jetzt, erstmals umfassend, die Monographie von *Wolfgang Jürgen Streich*, Franz Heinrich Schwechten 1841–1924. Bauten für Berlin. Petersberg 2005, wo auch zum ersten Mal gerade die Industriebauten Schwechtens (u. a. für die AEG und für die Berliner Electricitäts-Werke) gewürdigt werden.

[84] Das demonstriert die Monographie von *Streich*, Franz Heinrich Schwechten (wie Anm. 83).

[85] *Streich*, Franz Heinrich Schwechten (wie Anm. 83), 37.

[86] Zum folgenden bereits *Oexle*, Das Mittelalter in unserer Gegenwart (wie Anm. 82), 32 f.

Abb. 1: Berlin, Kaiser-Wilhelm-Gedächtniskirche und Auguste-Victoria-Platz, 1935

im Verkehrsgewühl der Autos und Straßenbahnen, eingetaucht in die Lichter der Großstadt, während die Türme der Kirche sich mythisch im dunklen Nachthimmel verlieren. Wir sehen das Mittelalter inmitten der modernen Großstadt als ein Kennzeichen der Moderne.

Ein zweites Beispiel ist das Warenhaus Wertheim, das Alfred Messel um 1900 und im ersten Jahrzehnt des 20. Jahrhunderts am Leipziger Platz gebaut hat.[87] Es ist eine „Inkunabel der Moderne" (Robert Habel).[88] In jener

---

[87] Zum folgenden *Robert Habel*, Alfred Messels Wertheim-Bauten in Berlin. Der Beginn der modernen Architektur in Deutschland. Mit einem Verzeichnis zu Messels Werken. (Die Bauwerke und Kunstdenkmäler von Berlin. Beiheft 32.) Berlin 2009; *Elke Blauert / Robert Habel / Hans-Dieter Nägelke* (Hrsg.), Alfred Messel 1853–1909. Visionär der Großstadt. Berlin / München 2009.

[88] *Robert Habel*, Das Warenhaus Wertheim – Eine Inkunabel der Moderne, in: Blauert / Habel / Nägelke (Hrsg.), Alfred Messel 1853–1909 (wie Anm. 87), 57–63.

31

Abb. 2: Jupp Wiertz, Berlin bei Nacht, Werbeplakat, um 1930

Abb. 3: Berlin, Leipziger Straße, 17. Juni 1953

Zeit galt der Bau als epochal neu, er galt als eine „baukünstlerische Sensation", als Maßstab setzend für moderne Kaufhausarchitektur. Nach 1918
verschwand er allmählich aus dem Blickfeld und das erst recht nach der
Kriegszerstörung und dem völligen Abriss. Auf den Fotos vom 17. Juni
1953, die den Aufmarsch von Panzereinheiten der Roten Armee zeigen
(Abb. 3), ist der Bau noch zu sehen. In der Mitte der 1950er Jahre, im Zuge
der (wie es damals hieß) „sozialistischen Umgestaltung der Hauptstadt der
DDR", wurde er gesprengt; der Leipziger Platz wurde planiert und stand
damit bereit, im Verlauf des Baus der Mauer einem Teil der Grenzanlagen
der DDR Platz zu geben. Das einst als epochal gefeierte Bauwerk verschwand nun ganz aus dem kulturellen Gedächtnis. Dies änderte sich erst
wirklich mit der Monographie von Robert Habel von 2009: ‚Alfred Messels
Wertheim-Bauten in Berlin', mit dem Untertitel ‚Der Beginn der modernen
Architektur in Deutschland', woran sich 2009/2010 die Ausstellung ‚Alfred
Messel. Visionär der Großstadt' im Martin Gropius-Bau anschloss. In sei-

Abb. 4: Alfred Messel, Warenhaus Wertheim, Berlin,
Leipziger Platz/Leipziger Straße, 1905

ner Zeit (Abb. 4) galt der Bau als epochal neu aufgrund der Verknüpfung
von Monumentalität und Zweckmäßigkeit, aufgrund der Verbindung einer
modernen Stahlkonstruktion mit der genauen Kenntnis historischer Stilfor-
men, aufgrund der Gestaltung einer klaren und einfachen Architekturglie-
derung mit den Mitteln historischer Erinnerung, aufgrund der Sammlung
„aller Reichtümer von dagewesenen und künftigen Kulturen" und zugleich
der Erfindung einer „Tragefunktion, wie sie in der Baugeschichte noch nicht
da war", wie ein zeitgenössischer Experte formulierte.[89]

Wie aber entstand die Wirkung, worauf gründet sich das Urteil von
damals und von heute? Man erkennt die Ursache der Wirkung, wenn man
den Messelschen Bau mit gleichzeitigen anderen Warenhausbauten in Berlin

---

[89] Zitiert bei *Habel*, Alfred Messels Wertheim-Bauten (wie Anm. 87), 392.

Abb. 5: Alfred Messel, Warenhaus Wertheim, Berlin, Leipziger Platz, vor 1912

vergleicht. Denn diese sind – zum Beispiel das Kaufhaus Tietz (Hertie) am Alexanderplatz aus dem Jahr 1905 – nach dem französischen Prinzip des Warenhausbaus errichtet: die Fassade ist neo-barock, horizontal gefasst und zeigt eine Gliederung nach Etagen. Messel hingegen erzielt seine Wirkung, indem er die Etagengliederung verschwinden lässt und die Vertikale betont, indem er die Gotik ins Spiel bringt. Was waren seine Vorbilder? Darüber wird diskutiert.[90] Der Hinweis auf das altstädtische Rathaus in Thorn, heute Toruń, dessen Baukörper um 1400 errichtet wurde, erscheint mir besonders plausibel.[91] Betrachtet man zum Beispiel den Eckpavillon (Abb. 5 und 6), so hat man den Eindruck, ‚Mittelalter' zu sehen, doch erweisen sich die dargestellten Szenen und Figuren bei näherem Hinschauen in keiner

---

[90] *Habel*, Alfred Messels Wertheim-Bauten (wie Anm. 87), 158 ff.
[91] *Oexle*, Das Mittelalter in unserer Gegenwart (wie Anm. 82), 27 ff. mit Abb. 4.

Abb. 6: Alfred Messel, Warenhaus Wertheim, Berlin, Eckpavillon, undatiert

Weise als irgendwie mittelalterlich. Dazu Robert Habel: „Messel erfand gleichsam eine moderne Gotik, die entfernt an mittelalterliche Bauten erinnerte, ohne irgendein Detail davon übernommen zu haben".[92] Messel hat, so könnte man auch sagen, den gotischen Stil produktiv transformiert und in etwas Neues übergeführt.

Und als ein „wirklich ausgezeichneter" Vertreter des „gotischen" Bauens wurde Alfred Messel auch von einem anderen Architekten gesehen („Er konnte Gotik nachahmen, wirklich ausgezeichnet")[93], der bald darauf seinerseits als einer der bedeutendsten Vertreter des „Neuen Bauens", als Schöpfer von „Inkunabeln der Moderne" in Erscheinung trat. Die Rede ist von Ludwig Mies van der Rohe.[94] Das war er bereits mit seinem ersten Werk, mit dem er berühmt wurde, dem Deutschen Pavillon auf der Weltausstellung in Barcelona 1929 (Abb. 7), und das war er noch mit seinem letzten Werk, das er in Berlin gebaut hat, mit der Neuen Nationalgalerie am Kulturforum (Abb. 8 und 9). Mies van der Rohe ist zweifellos einer der bedeutendsten Vertreter des „Neuen Bauens". Dass er aber mit seinem gesamten Werk den „Geist der Gotik" neu verwirklichen wollte, das ist ebenso evident wiewohl wenig bekannt.[95] Es ist aber leicht zu verstehen, wenn man seine seit 1986 ediert vorliegenden Manifeste, Texte und Vorträge, Tagebuchaufzeichnungen, Notizhefte und Briefe liest, in denen er in den 1920er und frühen 1930er Jahren, vor seiner Emigration in die USA, sein Werk begründet und über seine Intentionen Rechenschaft gegeben hat.

---

[92] *Habel*, Das Warenhaus Wertheim (wie Anm. 87), 62 f.

[93] Zitiert bei *Habel*, Alfred Messels Wertheim-Bauten (wie Anm. 87), 403 f.

[94] Zum Folgenden, ausführlicher, *Oexle*, Die gotische Kathedrale als Repräsentation der Moderne (wie Anm. 81), 655 ff. bzw. 963 ff.

[95] *Fritz Neumeyer*, Mies van der Rohe. Das kunstlose Wort. Gedanken zur Baukunst. Berlin 1986. Zur Genese dieses Bandes das Vorwort (7 f.) und die Einleitung des Herausgebers ‚Die Tradition der Rezeption: Mies van der Rohe in der Geschichtsschreibung zur modernen Architektur' (9 ff.). Die „Manifeste, Texte und Vorträge" des Architekten folgen als Anhang 295 ff. – Bemerkenswert ist, dass die von Mies van der Rohe in den 1930er Jahren gebaute und unlängst restaurierte Villa des mährischen Textilfabrikanten Fritz Tugendhat noch den heutigen Betrachter an eine „mittelalterliche Kathedrale" erinnert: *Klaus Brill*, Brünner Faszinosum, in: Süddeutsche Zeitung vom 8. März 2012.

Abb. 7: Ludwig Mies van der Rohe, Deutscher Pavillon, Barcelona 1929

Es sind Reflexionen über Moderne und Mittelalter: die Maßstab setzenden epochalen modernen Schöpfungen eines Mies van der Rohe wurzeln in seinem als bedrängend empfundenen Wunsch nach tieferen Wertbindungen, die ihm die Geschichte des Mittelalters bot. „Die neue Zeit", so äußerte sich Mies van der Rohe im Schlusswort einer Rede, die er auf der Wiener Tagung des Deutschen Werkbundes 1930 hielt, sei „eine Tatsache" – „ganz unabhängig davon, ob wir ‚ja' oder ‚nein' zu ihr sagen". In der Auseinandersetzung mit dieser Gegebenheit sei die Frage nach den Werten „die entscheidende": „Wir haben neue Werte zu setzen, letzte Zwecke aufzuzeigen, um Maßstäbe zu gewinnen".[96] Und ebenso, nach der Emigration, in der Antrittsrede als Direktor der Architekturabteilung am Armour Institute of

---

[96] Die Rede erschien unter dem Titel ‚Die neue Zeit' 1930; abgedruckt bei *Neumeyer*, Mies van der Rohe (wie Anm. 95), 372.

Abb. 8: Ludwig Mies van der Rohe, Berlin, Neue Nationalgalerie, 1968

Technology in Chicago 1938: es gehe darum, „herauszuführen aus dem Bereich des Zufalls und der Willkür in die klare Gesetzmäßigkeit einer geistigen Ordnung"; dies sei „eine Voraussetzung für richtiges Handeln"; es gehe darum, „Ordnung zu schaffen in dem heillosen Durcheinander unserer Tage", und das heiße: „eine Ordnung, die jedem Ding seinen Platz gibt", der ihm zukomme, „seinem Wesen nach".[97] Ähnliche Äußerungen finden sich schon früher[98], und diese geistige Orientierung verdankte Mies seinem Lehrmeister in der Architektur, dem niederländischen Architekten Hendrik Petrus Berlage, einem der wichtigsten niederländischen Vertreter der moder-

---

[97] *Neumeyer*, Mies van der Rohe (wie Anm. 95), 380 f.

[98] *Neumeyer*, Mies van der Rohe (wie Anm. 95), 376 (aus dem Rohmanuskript eines Vortrags zur Jubiläumstagung des Deutschen Werkbundes im Oktober 1932 in Berlin).

Abb. 9: Ludwig Mies van der Rohe, Berlin, Neue Nationalgalerie, 1968

nen Architektur;[99] und dies lehrte auch der katholische Theologe Romano Guardini, der in den 1920er Jahren den Lehrstuhl für Religionsphilosophie und katholische Weltanschauung an der Berliner Universität innehatte und dessen Reflexionen über Mittelalter und Moderne (zum Beispiel in den ‚Briefen vom Comer See', 1927) Mies folgte.[100]

Man könnte auch sagen: Mies van der Rohe hat das Mittelalter als „Möglichkeit und Notwendigkeit der Bedeutungsanreicherung" gesehen.[101] Er vollzieht nicht allein den Bruch mit der Tradition, den die Moderne voll-

---

[99] Über ihn *Oexle*, Die gotische Kathedrale als Repräsentation der Moderne (wie Anm. 81), 968, mit 967, Abb. 34.

[100] Über die Reflexionen Guardinis und ihre Wirkung auf Mies van der Rohe: *Oexle*, Die gotische Kathedrale als Repräsentation der Moderne (wie Anm. 81), 968 ff.

[101] So *Neumeyer*, Die Tradition der Rezeption (wie Anm. 95), 21.

zogen hat, sondern er zeigt auch ihre „komplexe und widerspruchsvolle, unterirdische Verwurzelung mit der Geschichte".[102] Dass es sich dabei um die Geschichte des Mittelalters handelt, bezeugen Mies van der Rohes eigene Aufzeichnungen.[103] Ihn bewegte die Idee der „Ordnung", die „das geistige Leben des Mittelalters" beherrscht habe[104], die man sich wieder aneignen müsse, um die neuen Kathedralen der Moderne bauen zu können, welche allerdings nicht wie gotische Kathedralen aussehen. Denn auch dies ist Mies stets wichtig gewesen: dass die Erinnerung an das Mittelalter nicht ein „historisierendes" Bauen bedeute, nicht eine Rückkehr zu irgendeiner Art von Neo-Gotik. Auch in dieser Hinsicht ist er sehr deutlich: „Der ewige Blick in die Vergangenheit ist unser Verhängnis [...]. Das Leben stellt täglich neue Aufgaben; sie sind wichtiger als der ganze historische Plunder". Es gehe nicht darum, neue Kathedralen zu bauen, sondern darum, nach dem Vorbild der „Kathedralen des Mittelalters" Schöpfungen der Gegenwart als „raumgefasster Zeitwille" und „Symbole" der eigenen Zeit zu schaffen. Zugleich rühmte er die mittelalterlichen Kathedralen als „unerhört kühne Ingenieursleistungen", wobei mit Bestimmtheit anzunehmen sei, „dass die ersten gotischen Bauten in ihrer romanischen Umgebung als Fremdkörper empfunden wurden", und die doch „bei ihrer Zweckerfüllung Träger des Zeitwillens" waren.[105] So äußerte er sich 1924 in dem Artikel ,Baukunst und

---

[102] *Neumeyer*, Die Tradition der Rezeption (wie Anm. 95), 22.

[103] So der Vortrag ,Die Voraussetzungen baukünstlerischen Schaffens', den er Ende Februar 1928 in der Staatlichen Kunstbibliothek Berlin hielt und in der Folge mehrfach wiederholte: *Neumeyer* (Hrsg.), Mies van der Rohe (wie Anm. 95), 362; hier auch über die „Zersetzung der mittelalterlichen Lebensform" durch Wilhelm von Ockham und den darauf folgenden „Sieg des Nominalismus". Mies van der Rohe folgte hier einer verbreiteten Deutung des spätmittelalterlichen Nominalismus; vgl. dazu *Oexle*, Das Mittelalter und das Unbehagen an der Moderne (wie Anm. 40), 139 ff. Außerdem schloss er sich den Mittelalter-Deutungen eines Paul Ludwig Landsberg an; dazu *Oexle*, Das Mittelalter und das Unbehagen an der Moderne (wie Anm. 40), 139 ff., und *Ders.*, Die gotische Kathedrale als Repräsentation der Moderne (wie Anm. 81), 971 ff.

[104] So in dem Text ,Baukunst und Zeitwille' von 1924, in: *Neumeyer* (Hrsg.), Mies van der Rohe (wie Anm. 95), 303 ff.

[105] Über die Verknüpfung von gotischen Kathedralen und Industriebauten um 1900: *Carqué*, Epistemische Dinge (wie Anm. 43), 156 ff.

41

Zeitwille'[106], mit dem er auch den Auffassungen seines Lehrers Berlage folgte.[107] Es ging Mies um die Schaffung einer „Baukunst, die die Gotik beerbte"; sie sei „unsere größte Hoffnung", wie er erneut formulierte, noch als er den Bau seiner 1968 fertiggestellten „Neuen Nationalgalerie" plante.[108] Er vertrat ein Verständnis von Modernität, von der uns jenes Verständnis von Moderne abgeschnitten hat, das den völligen „Bruch mit der Tradition selbst zur verbindlichen Tradition machte".[109]

Diesen Weg haben nach 1900 auch andere Architekten – zumindest mit einzelnen ihrer Werke – beschritten, Peter Behrens zum Beispiel mit seiner Kuppelhalle im Verwaltungsbau der Farbwerke Höchst in Frankfurt 1923[110] und schon zuvor mit seinem in Verbindung mit Karl Ernst Osthaus gebauten Krematorium in Hagen (1907), das die Bauformen die Florentiner Romanik (S. Miniato) aufnimmt.[111] Weitere Architekten des 20. Jahrhunderts lassen sich nennen[112], sogar solche vom Ende des 20. Jahrhunderts.[113] Die Akzente in den Traditionen der Gotikwahrnehmung und der Orientierung

---

[106] Wie Anm. 104.

[107] *Oexle*, Die gotische Kathedrale (wie Anm. 81), 968.

[108] Zitiert bei *Neumeyer*, Mies van der Rohe (wie Anm. 95), 101.

[109] So *Fritz Neumeyer*, Alfred Messel. Erneuerer der Baukunst und unzeitgemäßer Wegbereiter, in: Alfred Messel 1853–1909. Visionär der Großstadt (wie Anm. 87), 11–22, hier 11. – Walter Gropius, der noch 1919 (wie Bruno Taut und Ludwig Hilberseimer) die gotische Kathedrale als den „kristallenen Ausdruck der edelsten Gedanken der Menschen" (*Bushart*, Der Geist der Gotik, wie Anm. 80, 188 f.) und als zukunftsweisendes Modell der Architektur gerühmt hatte, wandte sich 1923 radikal davon ab und propagierte jetzt die „neue Einheit" von „Kunst und Technik" (zitiert ebd., 184).

[110] *Bushart*, Die Kathedralen der Expressionisten (wie Anm. 80), 68 ff.

[111] Dazu das Heft ‚100 Jahre Hagener Krematorium. Ein früher Entwurf von Peter Behrens' (= Kunstdialog Hagenwest, Heft 5.) Hagen 2007, und die Beiträge der Tagung über das Krematorium von Peter Behrens in Hagen (2011), die sich im Druck befinden.

[112] Zu diesen Architekten gehörte in Frankreich Auguste Perret, dazu *Freigang*, Perret (wie Anm. 59).

[113] Dazu *Christian Freigang*, Die Kathedrale lebt. Zur Aktualität der mittelalterlichen Architektur, in: von Flemming (Hrsg.), Modell Mittelalter (wie Anm. 40), 72–94, hier 83 ff.

an der Gotik haben sich dabei verändert, aber offensichtlich nicht grundlegend. War es am Beginn des 20. Jahrhundert die Faszination durch die historische Ancienität, durch den „ausgeprägten Objektcharakter" als Werk aus Stein, Holz, Eisen und Glas, das an städtebaulich zentraler Stelle errichtet worden war, war es der „Gedanke des kollektiven Werks" und der „gemeinschaftlichen Funktionalität" und „Symbolkraft", welche die Orientierung an dem Bau der gotischen Kathedralen steuerte[114], so sind es am Ende des 20. Jahrhunderts die Momente der „Beherrschung der materiellen Technik", die „Inszenierung von Bildern und Handlungen in verschiedensten Medien", die „Raumeinteilung", und vor allem (und noch immer) als Hauptaspekte die „flexible und virtuose Bautechnik und die Bereitstellung von Licht", welche die Wahrnehmung der Gotik als einer exemplarischen Architektur prägen.[115] Bemerkenswerterweise werden in alledem noch die Wirkungen einer Architekturauffassung sichtbar, die deutlich von den älteren Traditionen des 19. Jahrhunderts geformt ist, von den Deutungen der Literatur (eines Joris-Karl Huysmans), der Geschichtsschreibung (eines Jules Michelet) und der Kunstgeschichte (eines Émile Mâle).[116] All dies verweist auf die Gegenwart eines „Supersymbols" (Christian Freigang), nämlich der gotischen Kathedrale hin, das in signifikanter Weise die Gegenwart des Mittelalters fortwährend repräsentiert.

Was bedeutet es, wenn wir dies alles in unserer Gegenwart zur Kenntnis nehmen?

Die Vorzüge einer solchen und anderer Erweiterungen unserer Wahrnehmung der Gegenwart des Mittelalters sind evident. Der Bestand an „Überresten" und „Denkmälern" des Mittelalters hat sich bedeutend vermehrt. Auch hier locken neue Kooperationen mit anderen Wissenschaften, als dies Historiker und gerade die Mediävisten gewohnt sind. Unser Wissen vom Mittelalter erweitert sich signifikant. Und: wir bekommen einen Stimulus zur Selbst-Reflexion als Historiker und als Mittelalterhistoriker zumal. Und schließlich: wir können, sogar als Mediävisten, unseren Beitrag leisten zum Verständnis der Moderne, und das heißt: auch unserer eigenen Gegenwart.

---

[114] Dazu und zum folgenden *Freigang*, Die Kathedrale lebt (wie Anm. 113), 75 ff., das Zitat 76.

[115] *Freigang*, Die Kathedrale lebt (wie Anm. 113), 80.

[116] *Freigang*, Die Kathedrale lebt (wie Anm. 113), 88 ff.

Abbildungsnachweise

Abb. 1: Richard Schneider (Hg.), Berlin aus der Luft.
Zerstörungen einer Stadt 1903–1993, Berlin ³1994, S. 64

Abb. 2: Postkarte, Edition Stiftung Stadtmuseum Berlin

Abb. 3: Hubertus Knabe, 17. Juni 1953. Ein deutscher Aufstand,
München 2003, Abb. 14

Abb. 4; Abb. 5; Abb. 6: Elke Blauert u.a. (Hg.),
Alfred Messel 1853–1909, Visionär der Großstadt, Berlin 2009,
S. 142, Abb. 109; S. 12, Abb. 2; S. 143, Abb. 110

Abb. 7; Abb. 8: Jeannine Fiedler und Peter Feierabend (Hg.),
Bauhaus, Köln 1999, S. 20; S. 231

Abb. 9: Fritz Neumeyer, Mies van der Rohe. Das kunstlose Wort.
Gedanken zur Baukunst, Berlin 1986, S. 293

Zu Person und Werk des Autors

Prof. Dr. Dr. h. c. mult. Otto Gerhard Oexle, geboren 1939, war ordentlicher Professor für Geschichte des Mittelalters an der Universität Hannover und von 1987 bis 2004 Direktor am Max-Planck-Institut für Geschichte in Göttingen. Er gehört zu den international führenden Mittelalterhistorikern seiner Generation und ist besonders durch Abhandlungen zur Sozialgeschichte sowie zur Theorie und Geschichte der Geschichtswissenschaften hervorgetreten. Große Verdienste hat sich Oexle um die Zusammenarbeit der deutschen mit der französischen, nach der Wende von 1989 auch mit der russischen und polnischen Mediävistik erworben. Ehrendoktorwürden der Pariser Sorbonne und der Kopernikus-Universität in Thorn haben dies auch von Seiten der Partner zum Ausdruck gebracht.

Eine repräsentative Auswahl seiner Arbeiten liegt jetzt vor in dem Band: *Otto Gerhard Oexle*, „Die Wirklichkeit und das Wissen. Mittelalterforschung – Historische Kulturwissenschaft – Geschichte und Theorie der historischen Erkenntnis." Hrsg. v. Andrea von Hülsen-Esch / Bernhard Jussen / Frank Rexroth. Göttingen 2011. Wie umfassend und über das Mittelalter hinausreichend Oexles Studien angelegt sind, verdeutlicht auch in jüngerer Zeit der von ihm herausgegebene Sammelband „Krise des Historismus – Krise der Wirklichkeit. Wissenschaft, Kunst und Literatur 1880–1932." (Veröffentlichungen des Max-Planck-Instituts für Geschichte, Bd. 228. Göttingen 2007).